青春期的叛逆教养

解码青少年叛逆行为背后的动因

林　博◎著

人民东方出版传媒
People's Oriental Publishing & Media
东方出版社
The Oriental Press

图字：01-2020-7245

作品名称：《青春期的叛逆教养：以正向的亲子冲突，杜绝妈宝养成，培养独立负责、自主思考的孩子》

作者：林博

中文简体字版 ©2022 年东方出版社出版

本书由厦门外图凌零图书策划有限公司代理，经帕斯顿数字多媒体有限公司授权，同意授权人民东方出版传媒有限公司中文简体字版权。非经书面同意，不得以任何形式任意改编、转载。

图书在版编目（CIP）数据

青春期的叛逆教养：解码青少年叛逆行为背后的动因 / 林博著.
—北京：东方出版社，2022.2
ISBN 978-7-5207-2645-0

Ⅰ.①青… Ⅱ.①林… Ⅲ.①青春期 - 家庭教育 Ⅳ.① G782

中国版本图书馆 CIP 数据核字（2021）第 275511 号

青春期的叛逆教养：解码青少年叛逆行为背后的动因

（QINGCHUNQI DE PANNI JIAOYANG: JIEMA QINGSHAONIAN PANNI XINGWEI BEIHOU DE GONGYIN）

策划编辑：杨朝霞
责任编辑：杨朝霞
出　　版：东方出版社
发　　行：人民东方出版传媒有限公司
地　　址：北京市西城区北三环中路 6 号
邮政编码：100120
印　　刷：北京联兴盛业印刷股份有限公司
版　　次：2022 年 2 月第 1 版
印　　次：2022 年 2 月北京第 1 次印刷
开　　本：880 毫米 × 1230 毫米　1/32
印　　张：6
字　　数：119 千字
书　　号：ISBN 978-7-5207-2645-0
定　　价：42.80 元
发行电话：（010）85924663　85924644　85924641

目 录
Contents

Chapter 2 孩子背道而驰的行为

Chapter 3 打破家长对学业的想象

Chapter
4
摆脱胶着的家庭教育

Chapter 5　你有跟孩子沟通的自信吗?

Chapter 6 父母的心理整顿术

家中的心理风暴

Chapter **8** 家务不只是家务

Chapter 1

亲子冲突从此开始

家长：孩子以前都很乖，为什么现在都不听我的？

　　　是不是进入"叛逆期"了？

家长：孩子乖乖的就好了，为什么会突然变"叛逆"呢？

家长：孩子为什么开始不听话了？

家长：孩子都不听话，我要怎么让他不再"叛逆"？

家长：孩子时常跟我顶嘴，我该如何让他尊重我呢？

令人头痛的"叛逆期"

家长：孩子以前都很乖，为什么现在都不听我的？

是不是进入"叛逆期"了？

家有青少年的父母，大都会遇到这种问题。一向乖巧听话、唯父母之命是从、成天围绕在父母身边的孩子，视父母为他们的世界。突然有一天，这些孩子不再跟前跟后，不再听从父母的吩咐或命令。他们开始有了自己的主见，发表自己的意见，他们不再"听话"了。

这时候，父母们开始担心起来，我的孩子到底怎么了？究竟发生了什么事？是不是一旦进入所谓的"青少年期"，就开始变"叛逆"了？

这样的例子，不胜枚举，不管是在自家，或是周遭亲友，甚至邻里之间，几个家长聚在一起，只要谈到家有青少年，总是眉头一皱、无可奈何地感叹道："孩子都不再'听话'了。"

似乎不再"听话"，就是"叛逆"；不再顺从，就是忤逆；不唯父母之命是从，就是不孝。甚至有些父母，只要孩子的意见与他相左，就为青少年扣上"叛逆"的帽子。听不听话，成了"叛逆"的标准。

阿秀姨看到隔壁阿珠的儿子满嘴粗话，穿着剪了好几个破洞的牛仔裤；或看到阿娟的女儿染着红红绿绿的头发，耳朵上挂着醒目的耳环，还带着不同的男孩子出现在巷口，就很担心自己的孩子也变成这样。

但越不想发生，就越有可能发生！有一天，阿秀姨的女儿晓涵染着头发、穿了耳洞回来，两人爆发了前所未有的口角。晓涵不甘示弱，高喊起来："你不是也穿了耳洞？"阿秀姨摸着自己的耳朵，那是她在二十多岁为了交男朋友所打的耳洞。不过，对阿秀姨来说，那个醒目的耳环穿透的不只是女儿的耳朵，还有阿秀姨身为母亲的威严。

对阿秀姨来说，以前那个会搂着她、抱着她，成天亲昵地妈妈长、妈妈短的女儿，如今怎么会顶嘴，做出她想不到的事？她试着去控制晓涵的行为，但不论她怎么定规矩，交代晓涵什么该做、什么不该做，晓涵就是置之不理。

阿秀姨感到懊恼、沮丧，她不知道到底怎么了？为什么她的孩子都不听她的话了？是她自己失职，哪里做得不够好，还是她的孩子本来就差劲？或者她们之间的相处有问题？

唯一能够让阿秀姨接受的，是晓涵进入了"叛逆期"，而这个时期的青少年，不论是男是女，大都跟父母脱节而有代沟。不只她的孩子如此，隔壁的阿珠跟阿娟都有这个困扰，几个妈妈聚在一起，借着讨论而有了一点安慰。

　　只是面对叛逆期的青少年，这些家长感到手足无措，想要将孩子拉回到以前的轨道，势必产生冲突；放任他们的话，又担心他们变坏。这些家长的烦恼，是家有青少年家长的共同烦恼。

伴随"成长"而来的"叛逆"

家长：孩子乖乖的就好了，为什么会突然变"叛逆"呢？

　　不同的人，有不同的想法；只要是人，就有不同的意见；那么青少年自然也有青少年的想法，只是这些想法若和父母、长辈，或一般世俗的眼光不一样，便被视为不听话，甚至是"叛逆"。如果可以明白这一点，所谓的"叛逆"只是意见不一，而他又刚好处在青少年这个时期，就可以稍稍释怀。

　　换个角度思考，如果你的老板和你的意见不一样，你会认为老板是在"叛逆"吗？"叛逆"不是洪水猛兽，了解它或许就可以平心静气地面对它，化解可能的冲突。

　　那么，让我们先了解一下，什么叫作"叛逆"？简单地定义，就是与所谓"正常"的行为、思想不一样，特别是由下对上的时候，就成了"叛逆"。

　　什么时候会叛逆？每个人都不一样，有些孩子很早就出现了叛逆，在小学就开始顶撞父母，也有人到了二十多岁，甚至走进社会，接收到了多元的讯息，才出现叛逆，而大多数都落在十几岁的青少年，所以青少年几乎和"叛逆"这两个字画上了等号。

像阿秀姨的女儿晓涵，除了烫染头发之外，打扮得越来越时髦，她时常穿露大腿的短裤，身材也越来越好、越来越吸引人了。阿秀姨担心她被人欺负，叫她收敛一点，晓涵充耳未闻，甚至还会回嘴。

另一方面，儿子翰宇，每天不到半夜不回家，或者回到家之后，把自己关在房间里，不知道在做什么事。说得越多，他越是早出晚归，一天和阿秀姨见不了几次面，也很令她头痛。

为什么会有"叛逆"这回事？我们不妨从生物的成长方面考虑，平心静气来看待它。人类属于哺乳类动物，而在像狮子、老虎、鲸鱼等哺乳类动物当中，小狮子、小老虎会在它们具有猎杀能力的时候，离开母亲；小鲸鱼在有了足够的生存能力时，也会离开大鲸鱼。

那么，人类也要离开母亲，然后去猎杀动物吗？人类跟动物还是不太一样，早期的人在有能力猎捕动物时，就准备离开母亲身边了。虽然现在的人不用真的去猎捕动物，但是现在的人类也要求生。

从生物学上来看，所有的哺乳类动物，很少有像人类一样，长大了还黏在父母身边。一头小狮子长成大狮子后，就已经懂得如何独自猎捕动物让自己吃饱，甚至成为狮子王领导狮群，那独当一面的能力更是不可或缺。

行为是因为思考而产生的，叛逆是观念的对峙。有些人即使没有离经叛道的行为，但他的思考如果和过去或父母的理念不一样时，也可能造成言语上的顶撞，形成对峙而被认为是"叛逆"。

"叛逆"通常被赋予负面形象，而在这本书中，我想让大家明白，它其实是有正面意义的！

"独当一面"才是真正地长大

家长：孩子为什么开始不听话了？

人类在逐渐"成长"时，同时也学习"独立"这个行为，目的就是在离开母亲之后，能够独当一面。

独立的个体、独立的思考，对每个人来说都是很重要的。人类虽然不需要像动物般，为了生存去捕捉猎物，但成年之后，要如何在社会上生存？这些是在青少年时就要做准备的。

不只青少年，如何让自己能够在社会上独立生存，其实是人在所有阶段都要面对的问题。大多数成人已经进入社会，对如何在社会上谋生，已经有了很丰富的经验，青少年们则还在"准备期"。而在经验丰富的人眼中，随时都可以挑出还在"准备期"的青少年的毛病。

但是，不让"准备期"的青少年好好练习，他们永远无法获得正确的生存经验。这里所说的生存，不只是追求个人的梦想、谋生方式，还有团体生活中的待人处事、应对进退，以及面对生活上的大小杂事。

就像阿娟姨最小的弟弟，身体健全，但毕业后一直待在家里，现在已经三十多岁了，还无法"独立"。阿娟姨的父母常常感叹，如果他们两个老人先走了，这个儿子该怎么办？甚至希望阿娟姨在他们走了之后，能够照顾弟弟，或娶外籍新娘来照顾他……

"成长"不只是身体的变化，更是心智的成熟。想要独当一面，成为独立的人之前，他的思考层面会踏出原生家庭，而这一点会和父母产生冲突。

有些长辈会以"翅膀硬了，想要飞"来制止飞行。说真的，翅膀硬了，当然就要飞；如果不飞的话，这对翅膀会退化的。

父母之所以担忧孩子"叛逆"，除了怕孩子走上和自己的安排不同的方向，更多的是害怕他们走错路。如果既不犯法，也不害人，更懂得照顾自己，"叛逆"不过是他面对成长的必经之路。

青少年的身体在成长，男生长出了喉结，女生的乳房也开始发育，荷尔蒙不只在外显的身体构造上产生影响，脑袋中也在起变化。青少年所吸收的资讯在脑袋中消化运作，而在这个过程中，内心也是充满冲突的，而这些冲突也是让他们成长的过程之一。

所以，当认清"成长"与"独立"的关联后，"叛逆"这个原先带有负面形象的词，也就不再让人感到恐惧了。

一个真正成长的人，必然会有独立思想、思考能力，而不是永远依赖原生家庭，甚至在有足够的能力之后，反过来照顾家庭、回馈社会。

我曾经看过一个例子，一个年过三十岁的成年人，他的母亲还跑到他上班的地方，跟同事们说他什么都不懂、请大家多多照顾，而他还是公司的主管！有时候，反倒是子女愿意接受"成长"，不肯面对的却是家长。

在以色列，除了一些特殊原因，大部分人在十八岁时都必须当兵，男生三年，女生两年。而在中国，大部分十八岁的人都还是学生，受父母、家庭照顾，还处于"接受"照顾的状态，而以色列十八岁的青少年已经在"付出"。

对以色列人来说，当兵是他们"成长"的象征，他们引以为豪。通过当兵，他们不仅懂得照顾自己、照顾同胞，甚至承担了保卫国家的重大责任。

不可否认，每个国家的状况都不一样，也不是以色列的青少年天生就懂得独立，但在"压力"与"成长"来临时，他们的确很快就长大了，这也是以色列的军力能这么强大的原因。

"成长"，是青少年必然要经历的过程。一个婴儿从呱呱落地开始，每天都在成长，身体上的成长，通过细心照顾就看得出成效，而想要成长到"独当一面"，必须了解"叛逆"对青少年的意义。

不可抗拒的"叛逆成长"

家长：孩子都不听话，我要怎么让他不再"叛逆"？

当青少年出现所谓"叛逆"的言语或行为时，父母感到不适应是正常的。毕竟曾经那么依赖、顺从自己的孩子，在逐渐脱离自己，仿佛他们不再和自己心连心，情感方面自然难以割舍。

于是许多父母和青少年产生争执，希望将他们安置到自己铺设好的轨道。然而，"成长"是不可避免的事，于是这些正值更年期，或临近更年期的父母和子女对峙，形成了青春期与更年期的战争。

如果能够明白、接受"成长"是必然的事，而"成长"又伴随着孩子的"独立"，家长的痛苦感或许可以降低。毕竟，一方面希望孩子长大，另一方面却又不肯面对他们成长的事实，只会让自己感到痛苦。

一个心智成熟的人，要能够跟得上身体的成长，才能独当一面。现在有很多人，明明身体已经长大成熟，心智却还停留在孩童期，不论对他们的未来或是其他人都是有影响的。

青少年除了身体有所改变，他们的大脑更是遭受前所未有的荷尔蒙大变化。这个变化让孩子变得跟以前可爱的小宝贝完全不一样，而这亦是家长痛苦的来源。

为了能够让孩子乖巧，继续听话，阿秀姨干脆停止发放零用钱，断了孩子能够自由运用金钱的能力，想要以此消除叛逆。不只阿秀姨，许多父母也会用物质这一点来控制孩子的行为。

孩子们的叛逆，可以消除吗？

从理论上来说，是可行的。

以前有位诺贝尔奖得主的精神科医生，他曾经做了个实验。这个实验听起来像是科幻片，他通过手术切除了精神病患者的大脑额叶，让这些精神病患者完全没有脾气、没有情绪、没有人格。通过科学的方式，他改变了这些精神病人，让这些精神病人变得顺从而听话。听起来相当完美，然而，这是父母想要的孩子吗？

非科学的方式自然也有，而且很普遍。热情的意大利男性是女性想要交往的男人之一，但有个很有趣的现象，如果你和意大利男人交往的话，你也很可能同时需要和他们的母亲交往。当然不是所有的意大利男人都如此，但意大利的妈宝在比例上却不小。细究里头的成因，很多都是母亲用强烈的手段去控制儿子。

通过控制金钱、物质，的确能够约束一个还未有独立经济能力的孩子；而一个已经长大且有经济能力的孩子，也可能有情感勒索的状况发生。

不论是通过金钱物质或是情感勒索，父母想要挽留子女在身边，照着他们的话做，而子女则想要脱离父母的控制。很多家庭都有类似的问题，于是顶撞、冲突，不断产生。

对父母来说，孩子最好不要叛逆，这样就不会有冲突。如果叛逆可以通过一些方式去消灭，那就太完美了。可是，这也就等于消灭了一个有独立能力的人。

其实害怕叛逆这一回事，父母真正担心的，大多是害怕孩子走上歧路，做违法之事。如果孩子所做的"叛逆"是为了"成长"这回事，其实不妨用另外一种心态去看待。

说得残酷一点，时间不断流逝，孩子在长大，父母在变老。如果父母提早离开这个世界，又有谁来照顾他们，为他们安排完美的人生？

令孩子心服口服

家长：孩子时常跟我顶嘴，我该如何让他尊重我呢？

当一个孩子成长到有独立的能力，可以去解决他所遇到的困难、问题时，他可能对父母的敬意就减少了。

这并非不"尊重"，而是当一个孩子出生之后，他所有的言语、行为，都是模仿父母而来，这种依赖感是必然的。等到他发现父母会做的事，他也能够做到，少了依赖感，也就没有了上下之分的等级观念。

一个本来只能仰视父母的孩子，等到他的视线可以和父母平行，他也获得了生存与独立能力。

当然人生的经验、智慧与处世态度等，需要靠时间的积累，而这一点，孩子并不一定明白。孩子不一定明白，但是父母明白，毕竟所有的父母，都经历过青少年时期。

虽然时代在变迁，但孩子所遭遇到的问题大同小异，青少年在探索这个世界，身为父母年轻时又何尝不是？

所谓的父母和青少年，都曾经历过一个时期，只是一个已经是过去时，一个正在进行中。

如果能够把地位的观念抛掉，他不再仰视，你也不再低头，父母跟孩子之间才会有交集。

唐朝著名贤臣魏徵，即使面对最有地位的天子，他也敢谏敢言。尽管唐太宗被他气得牙痒痒的，但又欣赏他的正直。

曾经有一次，唐太宗得到了一只鹞鹰，正在跟它玩耍时，远远地，望见魏徵来了，急忙把鹞鹰藏在怀中。魏徵一说起公事，就没完没了，唐太宗也不敢说话，只是暗暗焦急，希望魏徵赶快离去。等到魏徵离开，他把那只鹞鹰拿出来，鹞鹰已经被闷死了。

魏徵因此受到处罚了吗？

没有。

从唐太宗和魏徵的互动上，其实可以很明显地看出，唐太宗是容许魏徵这个臣子来挑战他的"权威"的，还让他从谏议大夫做到宰相。在魏徵任职期间，先后向唐太宗进谏了两百多次，唐太宗也都尽量采纳，因为他知道魏徵所言，都是有"道理"的，所以即使贵为天子之尊，唐太宗也低头了。在真理之前，地位可以放到一边。

可是在现实中，上级和下属、父母和子女却不尽然。父母和上级的话就是真理，孩子和下属还有什么话可以讲呢？

假如孩子每天回来，可以指正父母的不对，而父母也答应让他这么做，这个孩子会不跟父母谈心吗？

有些父母会担心，这样的话，孩子会不会爬到他们的头上来？如果你有道理的话，又有什么好担心的呢？

在以色列，孩子是可以跟父母、教师辩论的，并不是父母或学校给了他们这个特权，而是整个社会氛围使然。有人说以色列人很爱"争吵"，但如果去分析他们争吵的内容及现象，会发现真理是在理论中浮现，越辩越明，而不是任何一方说了就算。而且辩论也不分年纪。

而与年纪比他们大的人辩论，也不代表"不敬"。辩论的"理"跟尊不尊敬对方是两回事，不是说年纪大就是真理，就是权威，所谓权威要根植在"道理""理性"上。

我有个朋友，他和他的孩子都很聪明，有一次在讨论舞台经验时，他的孩子跟他说了一句："爸，你没有上过舞台，你没有资格发言。"我这位朋友就闭嘴了。

那这位朋友因而恼羞成怒了吗？他确实没有舞台经验，他的儿子说得也没错，所以他选择闭嘴。

而这个朋友也没有因此被他的孩子无视，因为他的孩子只是针对他没有舞台经验这件事没有让他参与，不代表他这个父亲是失败的，所以也就没有什么好值得发火的。

一个越没有自信的人，就越想用权威打压其他人，就像一个没有自信的男人，只能用暴力来树立他的权威。那么，这样的权威是真权威还是假权威呢？

如果父母担心孩子因而不懂得"尊重"这回事，那得思考一下平常自己有没有不尊重他人？孩子的行为很多都是复制父母的行为罢了！如同军队当中，什么样的军官最使人敬佩？虽然当兵有位阶的区别，那些跟着士兵们出操演练、奋勇杀敌、一起流血流汗的军官最让人敬佩。这样的军官，就算他不用特别交代，底下的人也会照着他的话做。

　　所以当企图以"权威"教育孩子时，不如想一想，什么样的"权威"最能让孩子心服口服？

孩子背道而驰的行为

家长：孩子老是闯祸，我该如何让孩子懂得承担责任呢？

家长：孩子在"追星"，不是追剧就是去看演唱会，

我该持什么样的态度呢？

家长：孩子无视我定的规矩，我该怎么做呢？

家长：青少年时期的男孩子爱帅、女孩子爱美，

我要怎么让他（她）有适当的价值观呢？

家长：孩子碰到电脑、手机，就像上了瘾似的，

我要怎么处理孩子使用 3C 产品的问题呢？

家长：孩子有严重脱序的偏差行为，

像说谎、偷东西、打人，我该怎么办呢？

将责任还给孩子

家长：孩子老是闯祸，我该如何让孩子懂得承担责任呢？

有妈的孩子像个宝，没妈的孩子像根草。在每个妈宝的背后都有个"宝妈"，这里所谓的"宝妈"，并不单独指母亲，而是指所有照顾孩子的人，可能还有"宝爸""宝爷"等。如同现在所谓的"孝子"，已经不是单纯指孝顺父母的孩子，而是指"孝顺"孩子的父母了。

这些家长对于孩子所说的话、要求的事情，看得比自身还重要，生怕没做到，或是做得晚了，孩子会伤心、生气，生怕孩子受挫。不论他们要求的有没有道理，就全都答应了。

美香的孩子就是这样，美香从事家庭美容工作，平常帮客人做脸、修眉，生意极佳，非常忙碌，而每次智中放学一回到家找的就是她。

"妈，我快来不及了，你先送我去补习班。""你自己走路去，等会儿有预约的客人，我没办法离开。""我来不及了，你快点啦！""知道要补习，放学后怎么不快点回来，又跟同学去打球了，是不是？等一会儿我还有客人要过来，你知道吗？"

美香嘴上虽抱怨着，却已经拿着摩托车的钥匙，赶紧把智中送到离他们家约有十分钟车程的补习班。等她回来，客人已经抵达，并且等了好一阵子。

疼爱孩子是家长的天性，舍不得他们受挫，但是舍不得他们受挫的背后，又嫌他们不懂得负责任，这是很矛盾的。那么，宠出"公主病"或"王子病"，就不足为奇了。

现代的人因为孩子少，加上物质生活充裕，舍不得让孩子吃苦，在满足孩子的同时，后果大多由大人来承担。像有的孩子忘了带作业，一通电话就有专人送达，如果"专人"送得晚了，还会被孩子责骂。而这个"专人"通常是家里的母亲，或是爷爷奶奶。

那么，忘了带作业是谁的责任？或是来不及去补习班，又是谁该负责？有些家长不忍心让孩子面对失责之后的痛苦，宁愿自己付出体力或时间成本去帮他们完成，将孩子的责任视为自己的责任，而不愿他们"吃苦"。

所谓的"吃苦"，除了不忍心让他们体力上有劳累，更多的是舍不得让他们心灵上"受挫"。

曾经有个妈妈，平常都是她在帮孩子盛饭，有一次，她把饭端上了桌，转身再去拿汤时，她的孩子生气地问："怎么没有帮我盛饭？"而那个孩子已经十来岁了。

这类事情，在日常生活中常常发生，孩子可以应付的事物，或该担的责任全都落到家长身上了。如果这件事是孩子自己做得来，而家长却老是插手，并没有太大的好处。

家长将这些责任揽在自己身上，对于孩子无济于事，他如果没有警觉，下一次还是有可能再犯，甚至会认为为什么不是家长帮他把事情做好？

孩子还小时利用哭闹，再大一点就通过耍脾气，来达到他们的目的。因为一时心软而满足孩子，这样子，你只能在他们的屁股后面替他们收拾烂摊子。

如果家长丢掉无谓的心疼，不要"有求必应"，认清孩子们在心态上是"依赖"，是"不愿意"去做，而非"无法"处理时，家长们现在不"狠心"，以后就会"痛心"了。

我曾经碰到过一个过动儿，他常常因为忘了带书包而被老师责骂，最后，他干脆将书包绑在身上。因为他知道，如果不这么做的话，下次还是会被骂，为了不让这种事情再发生，他每次离开时，都会记得做 360 度的全面检查。他也许还会忘了带书包，但他只记得要"检查"，光是这个动作，就让他省了很多不必要的麻烦。

想让孩子"独立"，最好的方式是让他们认清自己的责任，并且懂得承担，那才是成长的象征。

用"追星"的语言来学习人生

家长：孩子在"追星"，不是追剧就是去看演唱会，
我该持什么样的态度呢？

青少年"追星"这件事，跟"偶像崇拜"有关。从人类的文化发展来看，以前原始部落的人崇拜村子长老，因为这些长老最有智慧，有很多值得学习的地方，说出来的话也最具有分量，所以人们崇拜他们。

自从"镜头"发明之后，改变了人类很多事情。通过"镜头"，可以把人的脸传送到全世界，同时也可以通过"包装"，将一个普通、不起眼的小人物变成大明星。像是青少年中风靡的好莱坞、宝莱坞，还有日、韩、泰等明星，这些外表光鲜亮丽的明星，吸引着无数少男少女的心。

小优就是这样一个女孩子，在她的房间贴着无数明星的海报，她所穿的 T 恤、外套等，也都是某某明星代言。前阵子为了取得某个明星代言的限量商品，她和好朋友在店门口排队排了二十四个小时。

小优的父母担心她会因此影响课业，亲子之间有点小小的争执。父母甚至担心她只看到明星产业华丽的一面，而不懂得脚踏实地地做人。

我曾经遇到过一个老师，他知道他的学生很喜欢追星，索性安排时间，带着他们去片场。学生们听到要去片场时，都很兴奋，迫不及待等着那天的到来。

后来，当那些学生看到明星们在镜头外的样貌，跟自身一样只是个平凡人，甚至不如想象中美好，那股崇拜的心理就像一团热火被熄灭了。

镜头呈现出来的，究竟是不是"真相"？还未可知。八卦杂志之所以盛行，也是这个道理。而那些所谓的"偶像"，也只是因为他们和普通人始终保持着一段距离，而距离会带来美感。

那么，这些偶像的内在和外在，是不是成正比？许多韩国的男明星看起来很温柔，但别忘了，韩国其实也是个父权专制的国家。而所谓的明星，也不乏励志的奋斗史。

家长最担心的，莫过于孩子迷恋偶像而荒废了学业。不妨想想自己年轻时，谁没迷恋过偶像？

当青少年出现偶像崇拜时，倒也不用特意去阻止，不妨共同关注、欣赏，通过共同的话题，带领他去看这些偶像所经历过的挫折。不论这个明星有好的表现，或是负面的新闻，都可以从里面去模仿学习，或是视为借鉴。就像有些艺人历经出轨、吸毒等丑闻；但也有历经人生谷底，又再度爬起来的例子。

每个人心中都有一个学习的对象，如果能够好好利用"偶像崇拜"这件事，引导他正向面对人生，追星也不过成为他的一个经验罢了！

然而，我们也不乏从新闻上看到，有些父母为了帮孩子追星，不惜连夜排队买票，不想让孩子吃苦受罪，索性自己代劳，就本末倒置了。

青少年如果愿意为了喜爱的人和事物，排个二十四小时或是三天三夜的队，这种追求的痛苦就要由他自己去体验。他所想要的目的，要自己完成才会懂得珍惜。通过自食其力达成目的，而不是将自己的行为，转变成为父母的责任。

人不轻狂枉少年，哪个家长年轻时没有追过星？程度或深或浅罢了！利用偶像崇拜这一点，跟着青少年一同成长，用他们的语言，陪着他们经历过这段时光，才能增进亲子间的情感。

真规矩与假要求

　　青少年没有犯下什么大错，家长却还是很苦恼。苦恼的原因是青少年没有达到他们的要求，没有完成家长所定下的"规矩"。其实大部分青少年的行为或许不尽如人意，没有尽善尽美，但并没有犯下滔天大错，所以家长们才会觉得管教力不从心。

　　"你的棉被为什么没叠好？""桌子那么乱，你要怎么看书？""衣服丢得乱七八糟，这样像话吗？"

　　诸如此类的话，每天都在美香家上演。只要美香进入智中的房间，就有一把火往胸口蹿烧！她搞不懂像她这么爱干净的人，为什么会生出像智中这么随性的孩子？

　　起床之后，棉被也不叠；脱下来的袜子，竟然往床底下乱塞！换下来的衣服就更不用说了，有时直接丢进放着干净衣服的衣柜！

　　而最让她恼火的，是每次智中的回复："反正晚上还要睡，叠那么好干吗？""我上次月考班排名还是第三名啊！""反正衣服是我在穿，又不是你在穿。"听起来似是而非的借口，却也不无几分道理。

美香知道智中不是什么坏孩子，老师有时还会夸奖他几句，只是在家里的表现，难道不能跟在学校一样吗？

这不算大事，却常常出现在生活中，造成家长的困扰。其实美香最想说的是，你为什么没有照着我的"规矩"做？

当然一个国家、团体、社会，如果没有规矩，是没办法运作的。没有规矩，不成方圆，就像酒驾的人，如果没有制定出严苛的法律，也很难达到警惕的效果。

但有些行为如果没有和原则相抵触，其实过于计较，只会让亲子之间多了困扰。像一般认为房间一定要干净整齐、窗明几净，似乎待在这样的环境里读书或写作业，就可以得到高分。不过，成绩的好坏和外表是否干净整齐，并没有绝对的关系。

如果有个自动自发，每天都将自己的房间、门面清理干净的孩子固然很好，但为了这种事每天和孩子扯皮，而忘了培养孩子的完整人格，就背道而驰了。

香港记者王秋婷曾经深入耶路撒冷的以色列军队中，采访当地的女兵。在一般人的印象中，女生比较爱整洁，内务必然打理得很好，更何况是军人？

但在这个出色的国家军队中，却没有所谓的内务可言。接受采访的是一位年仅 21 岁的指挥官，她在床上不仅棉被还摊开着，床边、墙头竟然贴着、挂着她所喜欢的东西。那其他的军人呢？

站没站姿、坐没坐姿，但他们的战斗力一流，这是全世界都知道的事。

不是说规矩不重要，而是这些表面的规矩，真的能够约束一个人的行为、培养一个完整的人格吗？有些人白天走在马路上，会红灯停、绿灯行，遵守交通规则，却在晚上闯红灯或进入隧道任意切换车道，这是真的了解设立交通规则的意义吗？

所谓的规矩都有一个核心所在，如果没有真正了解，一味做着表面功夫，也只是枉然。

教育孩子如果仅是培养他的人品及坚韧的心理，表面的规矩充其量只是约束他的行为，那么这个孩子还是有可能阳奉阴违。在要求一个孩子守"规矩"之前，不妨先把"原则"定出来。那么，孩子即使在叛逆期，也不会脱离原则而行。

不只帅气美丽，更要自信魅力

家长：青少年时期的男孩子爱帅、女孩子爱美，

我要怎么让他（她）有适当的价值观呢？

人类是爱美的，其实这个"美"并不一定要所谓的黄金比例，或是任何标准，而是至少能给人留下好印象。

正在成长的青少年，面对异性时，会注意自己是否打扮得体、皮肤是否光滑、有没有长痘痘，甚至还会注意发型是不是有型。此时的青少年，不论是男是女，都会对吸引异性注意这件事特别感兴趣。

从生物学上来讲，其实这是个求偶的意思，就如同孔雀在求偶时，会张开它的羽翼吸引异性，是很自然的。

而人类在十几岁左右，身体就已经准备好繁衍下一代了，只是人类会用教化将这部分压抑住。认清这一点，就可以释怀青少年为什么会那么注重打扮，想要吸引异性注意了。

阿娟每次打扫浴室，最麻烦的就是清理排水孔，常常有细如长丝的头发卡在上面，加上房子老旧，如果堵住水管，麻烦可就大了。家中留长头发的，就她跟在读高中的女儿。

阿娟要求女儿每次洗完头发后，一定要把排水孔清理一下，只是女儿虽然嘴上答应，但下次她洗完澡，还是会看到地上一堆头发。

女儿最爱惜的，就是她那头宝贝头发了，才读高中就打扮得比她还时髦，上学之前，要在浴室待上二三十分钟，就为了看她的头发有没有塌下来。

这些也就算了，最近不知道女儿是哪根筋不对劲，在学人家减肥，多了一公斤就抗议。青春年华的少女身材姣好，不用刻意减肥，女儿却常常嫌自己过胖，每次饭才扒两口就不吃了，嚷着饱了。阿娟有点担心，害怕女儿会不会因为太爱漂亮而得了厌食症。

为了吸引异性，打扮外表是首要任务，通过外表来吸引异性的注意，进而产生信心。

拥有自信地展现自我，固然是好事，但过于展现自我，可能就不是自信了。有些人为了管理身材，并不是利用运动或正确的饮食，而是利用催吐，或是拒绝吃东西，最后就得了厌食症。

至于厌食症患者和为了吸引异性，并不能完全画等号。厌食症患者通过不当的方式管理身材，让身材符合一般所谓的"美丽"，因为他们得通过符合世俗所认同的美丽，才能让他们建立自信心。即使到后来，他们发现这么做根本没用，健康也已经回不去了，还得要通过治疗才能进食。

之所以会在意他人对自己"美丑"的评价，说穿了，是源于内心的不安。厌食症的人缺少的不只是健康，还有自信。从心理学上来说，这种人的自信心是不够的。可以说，这种人本来就缺乏自信心，所以需要依靠外人的眼光来建立自信心。

我曾经遇到过一个普通的女孩，她长得不像偶像明星，也不怎么亮眼，但她非常自信。后来我发现，她在她的家庭当中，是父母的掌上明珠，她的父母疼爱她，不是有其他条件的，是全然的爱。因为爱她，所以肯定她，她的自信从小就被培养出来了。这样的女孩，并不会因为人家评论她的外表就没有自信。

相对地，一名青少年如果在原生家庭当中得不到足够的自信，或是感到父母不喜欢他、不欣赏他，就只好利用其他方法来吸引其他人，借以获得自信。而称赞外表是最直接的信心来源。

人类爱美是毋庸置疑的事，但吸引他人的注意其目的究竟为何？是为了满足求偶的生物本能，还是追逐信心的建立，就必须重新思索了。

驾驭 3C，或是被 3C 奴役

家长：孩子碰到电脑、手机，就像上了瘾似的，

我要怎么处理孩子使用 3C 产品的问题呢？

现在 3C 产品相当盛行，几乎人手一只，淘汰率也相当高，往往一只手机还没坏，下一代又出现了。除了同学之间比较，还有学校管理的问题，3C 产品对青少年的影响可谓深远。

其实这是个很严重的问题，许多专家学者也都正视这个问题，甚至有医生主张不要给孩子手机，但是这不太可能。试想，当你处在一个人人都在使用手机的世界，而你没有手机，无法联络，你反而成了异类了。

美香只要看到智中玩手机，就相当生气，有时候会怒气冲冲地说："你又在玩手机，功课到底做完了没有？""做完了啦！""不要再玩了，会近视的。""近视就近视啊！"智中一点都不在乎。

"好了！"美香说着，就将他的手机抽走。智中急得大叫起来："你自己不是也玩手机？"

"我那是拿来跟客户联络事情、交流感情的。"对美香来说，手机里的即时通信软件非常方便，她也是手机不离身，有时趁着电视节目广告，她也会回复一些事情。

"我也是在跟同学联络事情、交流感情啊！"智中辩解。

从整个大环境来看，现在的父母几乎是跟着网络一起成长起来的，知道有线与无线的差别；而现在的青少年，对他们来说，电脑、手机、平板都是日常用品，他们很难想象以前拨号上网的日子。

手机其实是个很好的工具，有很多软件可以协助人们解决生活上的问题，以前觉得不可能的事，现在都因为科技的发达而获得解决。在三四十年前，谁能想得到边打电话，还能和远在异国的朋友视频呢？

然而，3C产品也带来了一些问题，像蓝光对人体的影响，还有就是上网成瘾的问题。

美国白宫曾经考虑过禁止孩子玩电玩，但是现在已经放弃这个想法，最初的想法固然还不错，但执行起来却很困难。加上进入一个完全IP的时代，3C产品只会越来越多，不会越来越少，希望青少年不要太过依赖，唯一可以做的就是"时间管控法"，也就是接触手机或电脑一段时间，就要去运动一下，尽量不要让他们的眼睛受到影响。再者就是增加青少年的户外运动时间，来跟他玩手机的时间做个平衡。

至于在给孩子手机之前，约法三章，其实这一点用都没有。

几乎没有孩子玩手机是有控制力的，那些程序的目的就是要使用者上瘾，成为依赖。家长能够做的，就是让他们知道手机只是个"工具"，尽量用手机来做知识上的搜索，而不要沉迷于打游戏。

许多家长的确在为了青少年使用手机时间太长感到烦恼，我的建议是，知道这会有什么问题，那就想办法正面解决，像担心眼睛会生病，就让他戴上防蓝光的眼镜；而上网时，尽量以实际性的方向来引导，让他明白这是个工具，而不完全是让他娱乐的玩具。

3C 世界的到来，就有点像以前的清朝，西方世界的潮流突然一下涌了过来，就算要闭关自守，最后还是被大炮打开。

针对青少年如何使用 3C 产品，不乏有人唱高调，但那一点意义都没有。这是个潮流，也是个趋势，当整个世界都走向 3C 化，要做的就是面对、接受，进而解决它伴随而来的问题。

看见偏差行为中的"为什么"

家长：孩子有严重脱序的偏差行为，

**　　　像说谎、偷东西、打人，我该怎么办呢？**

早上补习班打电话过来，说还没有收到这个月的补习费用，希望这几天能够尽快缴清。

阿珠姨接到电话时，不知如何是好，因为月初时她就把补习费交给小尧了。

小尧回来之后，表现得很正常，完全看不出来有什么不对劲，阿珠姨试探地询问，小尧的回答却没有异样。

阿珠姨很伤脑筋，她不知道如果戳破孩子的谎言，小尧会有什么反应。当然她可以选择自己到补习班将费用缴清，但那毕竟不是解决之道，她想要纠正的，是小尧这个偏差行为。

我接触过一些孩子，经过深入了解，发现那些喜欢撒谎的孩子，都比较聪明，思维灵敏，反应也很快，但欺骗仍然是不可鼓励的行为。

至于孩子之所以会说谎，就代表他的行为还在合法的状况里，因为他没有办法达到他想要的，只好利用"说谎"来得到他想要的东西。而要纠正他这个行为，得先回归到家长本身。

一个人会撒谎，一定有他的原因，例如，不想受责罚，或是逃避某些事物，像小尧因为不想去补习，所以就把钱拿去跟同学吃喝玩乐，这是他不想去补习的抗议。如果降低标准和要求，说谎的情况也会渐渐消失。

站在教育的立场，我主张先把"说谎"这件事解决好，其他的事情像学习成绩不好，甚至不看书这种问题，都可以晚点处理。如果一直说谎下去，对孩子人格的影响很大。

固然说谎有时会被逮到，但也有可能过关，相较之下，这个人之后还是可能继续选择说谎，最后将说谎这件事应用到他的生活上。以后不管是对妻子，还是对老板，都会选择继续撒谎。或许在人生的前半段会过关，但终究会输在人生最后的关卡。

每撒一个谎，就要圆更多的谎，如同雪球般越滚越大，最后演变成雪崩，那就很难招架了。

在阿珠姨的询问之下，小尧终于如实托出，阿珠姨感到痛心，却也没加以打骂。阿珠姨自认读书不多，但她知道孩子长大了，也会有自尊心和面子，打骂并不能解决问题。阿珠姨要求小尧利用其他的方式来取代责罚，小尧也答应了，同意往后回来都帮助阿珠姨倒垃圾、做家务。

打骂不是唯一的教育方式，而且这种惩罚，只会激发出孩子的攻击本性。我一再强调，人类也是动物，是生物的一种，而哺乳类动物受到攻击是会反击的。

想要让孩子得到教训，可以利用劳动的方式，像做家务来作为处罚。如果孩子平常就在帮忙做家务，那就再加高劳动的比例，重点是希望让他们借由分担劳动的方式，了解父母养育他们的辛苦。

除了说谎，还有像偷东西、打人、翘课等，已经严重到脱离学校的教育及做人的准则，在处罚他们的同时，更要让他们明白的是"为什么"。青少年会有偏差行为，是有缘由的，往往是另外一方面有了匮乏，才会有偏差异常的行为。

所谓的匮乏指的并不是物质，不是让他吃饱喝足穿暖，满足这些生理需求就已足够，更重要的是内心的渴望。父母有没有聆听孩子的心声？知不知道孩子真正的需求？常常有家长利用打骂，让孩子当下变得乖顺，等过一阵子，再有脱轨的行为，则认为孩子不受教。

家长们可能会感叹，他们以前也是这样被打骂过来的，然而，每个时代有每个时代的成长背景，所面对的痛苦和挑战也不同。成人们已成熟，足以应付大大小小的任何挑战；但尚未成熟的青少年，则需要家长从旁指引，协助他们适应这个世界。

打破家长对学业的想象

家长：如何让孩子认为读书是有意义的，

　　　并且心甘情愿读书呢？

家长：我要如何让孩子专心致志、好好读书，

　　　让他明白读书的重要性呢？

家长：孩子读书读得很痛苦，我要怎么让他快乐地学习？

家长：为了刺激孩子的分数，我用了强烈的手段、言语，

　　　还是没用，该怎么办呢？

家长：孩子不想去学校，也对读书完全没兴趣，

　　　我该怎么办呢？

儒家文化与帝王之学

家长：如何让孩子认为读书是有意义的，
并且心甘情愿读书呢？

"书读完了吗？""怎么还不去读书？""复习完今天教的，就再预习明天的内容。""不要再打游戏了，还不快去看书！""叫你去读书，你有没有听到？""去——读书！"以上的对话，几乎在每个家庭里，都可以听到类似的内容，日复一日，周而复始。

"读书"有时只是家长随口的一句问话，甚至是家长与青少年之间的开场白，却也突显了华人对于所谓"学习"的重视。似乎除了读书，就没有谈话的切入点了。

周末，光耀躲在房间拿着新买的篮球杂志，看得津津有味。自从他接触篮球之后，除了会在网络上注意各场比赛，像 NBA（美国职业篮球联赛）、CBA（中国职业篮球联赛）、HBL（高中篮球联赛）等，甚至会研究各个球员的投球技巧，对课外读物向来缺少兴趣的他，也会时常买些运动杂志回来。

光耀奶奶看光耀一直待在房间没出来觉得奇怪，走到门口一看，发现光耀正在读书，心满意足。本来光耀奶奶觉得光耀很认真，还是不要打扰好了，正要离开，却觉得他手上的书籍不像是课本，便好奇地走了进来，问："你在看什么？"

"我在看这个。"光耀抬起杂志，将封面拿给她看。

光耀奶奶拿了过来，翻了几页，看跟学习没有关系，就训了起来："不是快要考试了吗？怎么在看这些？你看这些，跟读书有关系吗？"

"哎哟！奶奶，你不要管啦！"光耀不耐烦地将杂志拿了回来。奶奶舍不得骂光耀，于是对着经过门口的光耀妈妈说道："佩珊，你来管管光耀，都快要考试了，还在看这些没用的东西！他将来是要当教授的，跟他爷爷一样的……"

"万般皆下品，唯有读书高。"在华人的教育里，唯有"读书"才有前途，而且这"书"还得是有用的、跟课堂上所讲是有关系的，要不然就是不入流，难登大雅之堂。

凡是华人的社会，都对"读书"有着执着。受科举制度的影响，读书高中状元或榜眼就能光耀门楣，为家庭带来荣耀。光耀的奶奶会给光耀取这个名字，其实也是别有含义的。

"儒"这个字，就是读书、读书人的意思，后世更是通过读书证明一个人的价值。但是，我们不得不厘清所谓的儒家文化，并不是让一个人看了书、读了书之后，就会变得与众不同；或是读了书，人生就会圆满，真正的儒学刚开始也并非独大。在春秋时代，百家争鸣，不同学派的知识分子涌现，思想相当蓬勃，除了儒家还有墨家、法家等。

到了西汉，身为政治家、教育家兼思想家的董仲舒，通过推广儒家文化进而让天下变安定，为社会带来一股稳定的力量。

试想，当一群人都在看书，自然就没有空去谋反；如果这些书里的内容，阐述忠君爱国的思想，受到熏陶之后，社会自然得到稳定，对于国家的安定，是能够起到很大的效果的。

儒家文化对于团体的和谐，提供了很大的助力，但若就"教育"这一点来思考，"儒家文化"是唯一的选择吗？

一个只教导君王"儒学"的教育，是很难维持一个国家的管理的。从历史上可以看出，许多国家、朝代都有内忧外患的问题，像外戚干政、外敌入侵，还有谋臣武将是否二心等。

所以，君王的教育绝对不是只有读书，还要懂得打仗、人性、学习攻略、谋略，甚至还有心理学。皇帝在教育太子时，实行的是"文武合一"的教育。

如果君王只会死读书，不懂得治理国家，应付群臣心机，在波谲云诡的政治斗争里，是很难生存下去的，朝代也就容易被推翻。

可以说，帝王所受的教育和百姓所受的教育，是两种截然不同的形式。而在儒家文化的影响下，渐渐地成为读书即教育，一直到现在。

不可否认，知识的传递很多都是靠着书籍流传下来，而中华的文化也因为儒学而稳定发展。

　　但我们不得不思考，在这样的教育之下，我们到底能培养出什么样的人？很多高才生，上知天文、下知地理，古今历史、旁征博引，样样精通，问起实务的操作，跟人之间的交流，脱离了书本，就有了障碍。

　　而学校里谈到的"德智体美劳"，强调五育发展，理念是好的，但在长久的儒家思想影响下，还是以"智"，也就是读书这部分为首要任务，像在考试上就很明显，常常牺牲其他的课堂时间，去加强主科学习。不只学校，家庭亦然。

　　一直到了 21 世纪，不管是在学校或家庭，教育都脱离不了儒家文化的影响。

诞生十位诺贝尔奖得主的"犹太教育"

家长：我要如何让孩子专心致志、好好读书，让他明白读书的重要性呢？

不同国家有不同的教育方式，而在这里，我想谈的是以色列的犹太教育。在提犹太教育之前，我们先简单认识一下以色列这个国家。

目前，以色列有八百多万人口，而在二十年内却诞生了十位诺贝尔奖得主，获奖的比例高出其他民族许多倍。另外，像马克思、弗洛伊德、爱因斯坦等名人也都是犹太人。

由结果来看，犹太人这个民族，不免让人好奇，犹太人是什么样的民族，而他们又是如何教育孩子的呢？

我们不妨先说说沙拉·伊麦斯跟她的孩子的故事，沙拉是个出生在中国上海的犹太人后裔，在中以建交后，她带着她的三个孩子回到了以色列。

沙拉刚回到以色列时，仍然依照她在中国时所接受的文化对子女进行教育，然而，犹太人的教育却冲击着她。她采取不同的方式，却让她的孩子有了她原先想不到的人生。

　　原本沙拉如一般中国的母亲，在经历磨难时，认为要苦也不能苦孩子，不管是经济问题，还是家务，全都一手包办。原先她认为人生的苦难只要自己承受就好，不让痛苦降临到孩子身上，是她对他们的爱。

　　后来，她让孩子面对挑战，一起帮忙卖他们赖以维生的春卷，出乎意料的是，孩子的方式跟她的方式大不相同。

　　当时沙拉在市场贩售春卷，而大儿子动了动脑筋，举办了一个讲座，由他来主讲中国的见闻，只要参加讲座的人，就可以品尝到美味的春卷，不过想要听讲座则需要购买入场券。

　　二儿子则利用了不同的方式，将他在家里所包的春卷，批发给学校的餐厅。女儿个性比较保守，她则选择在学校里零售的方式，也为家庭赚到了收入。

　　这三个孩子用他们的方式，贩售春卷，获得收入。这在犹太的学校及社会环境中，自立谋生视为理所当然，并不视为异端。后来，这三个孩子的人生有着不同的发展，同时也被视为中国教育和犹太教育的不同范例，他们的故事更是常被拿出来做犹太教育的代表。

　　同样都是教育，为什么犹太教育日渐受人看重？由结果去推缘由，会发现不同的观点。

　　就以沙拉的孩子贩售春卷这一点来看，华人对于"士农工商"的观点，商人忝陪末座；而犹太人却正好颠倒过来，他们认为即使是孩子，靠自己获得收入也是正当的。

中国的教育非常重视伦常，长幼有序，即便学生或是子女有所疑问，往往也不得忤逆居上位者。而犹太人的家庭，就算是父母与孩子，也容许他们不断地发问，训练思考，甚至连他们的《圣经》也可以拿出来辩论。

以前的家庭，会以子女中了举人或状元之后，利用名声荣耀来扬眉吐气，现在虽然没有这种头衔，但对分数以及所谓的名校可以说是非常在意。读书成了出人头地、升官发财的工具。

犹太人在孩子刚出生之后，有个有趣的习俗，他们会把蜂蜜滴在《犹太法典》或是《圣经》上，其理念是为了让孩子知道，知识与学习本身就是甜蜜的，让他们在学习的过程中提高兴趣。

东方人在教育孩子方面，为了避免孩子有过度自大的教育，即便孩子有了作为，也会说反话，希望以此激励孩子的上进心。犹太人却以正面的话语，鼓励孩子们上进。

就像点蜡烛，如果一个孩子正在点蜡烛却屡屡点不着，东方的父母可能会脱口而出："这么简单的事怎么都不会？"犹太人则多数会说："再试一次就会成功了。"

语言的力量是强大的，不同的呈现方式有不同的效果。对尚未成熟的青少年，甚至幼童而言，其实是难以理解成人负面教育的方式的。虽然说其意是在激励，就心理学而言，效果却是不尽如人意的。

而以色列的教育，则为我们提供了一个思索的方式。所谓的教育，是不是还有不同的方式？

　　西方教育也好、东方教育也好、犹太教育也好，不管是什么样的教育，其目的都是为了能够教导孩子，在成长的过程中指引他们。而从结果再反思我们平常所受的教育，是否真的适合现在的青少年？

　　这不是要家长非得选择某一方面的教育，毕竟处在华人的世界当中，华人的文化还是有其优越性。只是我们不妨想想，古人十几岁就已经开始做事了，不管是农夫还是商人，只要有工作的能力，就已经让他们去接触生存事务。

　　而现在十多岁的青少年，只要尽好读书的本分，其他的家庭责任，像是家务就先不用考虑了。

　　同样都是十多岁的青少年，会因为时代、背景不同，而有能力上不同的差别吗？唯一的差异就是教育了。

　　当我们在思索怎么样对孩子更好，愿意接纳更多不同的想法时，与我们文化不同的教育所呈现出来的优势，有其背景原因。以色列之所以那么注重教育，跟它的历史有关，为了让国力强盛，他们很注重人才培养，就连一个自闭儿，在他们的眼里，都能成为解码高手。

　　每个文化必有其特性，而文化亦会对教育产生影响。若以"教育"而言，人才济济、遍地开花的犹太教育，或许能够让我们深思，重新检视我们与青少年的相处之道。

真正的学习要带着"情绪"

家长：孩子读书读得很痛苦，

我要怎么让他快乐地学习？

小元好不容易写完功课，伸伸懒腰，揉揉眼睛，拿起吉他，随意拨了几根弦，音符流泻出来。音乐是他课业之余，减压的方式。而听到声音，在客厅的母亲大声喊了起来："英语都看完了吗？你上次英语不是只考二十多分吗？还敢玩音乐……"

本来想放松心情的小元，不免烦躁起来，语气也不太好："我就不想看英语啊！看了也没用，还不是考不好！"

"你不学英语的话，以后怎么跟人家竞争？现在是国际化的时代，英语不好怎么行？我看你花在吉他上的时间，比看书的时间还要多。如果你把一半的时间，分一半去学英语就好了……"母亲的话还没有说完，小元站了起来，走到门口，重重地将房门关了起来！母亲认为他不听话，对小元更严厉了。

我们现在的教育，有很多都是必须坐在课堂上，要不然就是白纸黑字，必须将之努力熟记，似乎这么做，就可以将内容烙印到孩子的脑袋里。如果是那样的话，那么每个人考试都能得第一名，也就没有所谓的最后一名了。

然而，很多人到了三四十岁，或是刚走出社会的人，问他们在求学阶段学到了什么，绝大部分都会忘记，只记得他们最感兴趣的东西。"热情"才能让教育不断延伸，真正影响一个人。

大多数孩子就算一开始对那个科目有兴趣，而后来的"学习"，却只是为了应付考试、求取得好成绩，等考完之后，也会把过去所学的知识都忘记了。这样的学习，只是短暂的学习，而不是长久且真正的学习。

学习长久，并且印象深刻，那才是教育的宗旨。而"热情"和"兴趣"则相当重要，也就是真正的学习是要带着"情绪"的。

什么是"情绪"？不妨看看孩子去海边玩时，他们又跳又叫，欢乐无比，他们的情绪是快乐的、印象是深刻的，而那段记忆也就难以忘怀。

就像去参加一场演唱会，为什么事后不会忘了情节与画面？因为它让人"感动"，是带着美好的"情绪"的。所以如果想要培养孩子的兴趣，就需要点燃他的热情。学习也是一样，快乐地学习可以对所学知识产生兴趣，让学习变成一件美好且轻松的事情。

以色列教育着重让孩子"身临其境"，而这会让一些深受儒家文化影响的东方父母误解，以为他们在"玩耍"。

然而，"玩耍"正是能够引起"兴趣"最好的方式，激发他们的"好奇心"。"玩耍"可以让人感到开心、兴奋，对所从事的运动或活动感到"好奇"，于是便开始深入研究。

简单来说，就是以"体验"来学习，从所遇到的问题，再反推去学习，因为好奇，提出问题后，带来解答，更能够深入学习。毕竟，有兴趣地学习才会终身学习，没有兴趣就是短暂学习。

这也让许多家长感到困扰，孩子有兴趣的事物，跟课堂的学习没有关系，甚至认为兴趣不能当饭吃，那该怎么办？就现实来讲，兴趣不一定能够当饭吃，但兴趣却可以让人赢在终点。

台湾流行音乐天团"五月天"，五个人当中有四个人毕业于师大附中，他们当初组团也没人会想到，能取得如此好的成绩。阿信等人，他们坚持自己的兴趣，一步一步走到了现在。

能够将充满兴趣的喜好作为吃饭的工具，固然很好，然而，不是每个人都可以做得到。我所强调的"兴趣"，是"长久"且具有"热情"的学习，不是只单单强调在孩子天生喜好的各种事物上面。我更强调的是，就是在目前众多的科目当中，家长要如何培养孩子的"兴趣"，用他们感兴趣的方式将这门功课学好。

现在的家长之所以会对分数或成绩感到这么担心，因为社会的资源不够，像读高职出来，跟读高中出来的前途是有差别的，所以父母在引导孩子学习的过程中，只好以成绩为取向。

如果能够将孩子学习的兴趣激发出来，假如真的有兴趣，他不会放弃这个科目，就算成绩不佳，但也不会太差；如果没兴趣的话，拿刀也没用。

　　学校的知识学习也好，自我的个人喜好也罢，就教育而言："热情"才是贯穿学习的动力，有"兴趣"才能终身学习。

分数高低是由家长决定的

家长：为了刺激孩子的分数，我用了强烈的手段、言语，
还是没用，该怎么办呢？

　　著名的动画片《哆啦 A 梦》，里头的主人公考试永远都是零分，所以他每次都得想办法把考卷藏起来，要不然就是请哆啦 A 梦处理。然而，卡通毕竟是卡通，一般的学生不管得到何种成绩，都没有人可以协助分担压力。"分数"成了学生挥之不去的梦魇，同时也是现在学生的噩梦。

　　就像刚读初中的子维，每次拿到成绩单都想把它揉烂，丢到垃圾桶去。可是他不能这么做，因为成绩单还得拿回去给父母签名。

　　如果是母亲的话，虽然她看到子维的成绩单时，可能会眉头一皱，但是嘴上不会说什么。如果是父亲看到成绩单，可就不同了。

　　一次，父亲拿到他的成绩单，就凌厉地说："我不是跟你说过，这次的排名要有进步吗？你不但班级排名退步，分数也不

像话，像你这样的成绩，以后能成什么大事？你连满分都达不到，干脆去死算了。像你这种残渣，留在社会上有什么用？你考这种成绩，去外面的话，不要说你是我的儿子！"父亲的话，一遍又一遍地在子维的耳边回旋，他的心都快碎了，觉得自己毫无价值。

满分的成绩是不是等于成功的人生？这个话题，不断地被翻出来讨论。在现实社会中，高分像是个入门砖，似乎只要拥有高分，就拥有幸福美满的人生。所有的父母无不希望孩子能够比得上他人，甚至将成绩与未来的成就画上等号，所以催促着孩子往前进。

而社会之所以会有这种氛围，都是人"比较"出来的，比成就、比事业、比学历，孩子们从小就一直被比较，什么都可以比，"成绩"不过是其中一项。

无止境地比较成绩，会影响到孩子的情绪，给孩子造成压力。即使父母的口头上没有明显表现出来，但从言行举止，包括脸色，还是会出卖心思。像子维的母亲虽然口头上没有说什么，但只要她的眉头一皱，子维的心也跟着沉下来。另外一点是学校将每个人的成绩摊开来，造成学生之间的彼此竞争。

所谓的成绩只是提供青少年这一次学习的参考状况，并不代表每一次都会如此，学到多少算多少，把基础打好，下一次再考好，不是最实际吗？为什么每次都要得满分，每次都是生死的定夺？

在英国，如果孩子考得不怎么样的话，教师的批改会附上一句话，就是这个孩子的成绩，也许不如其他人，可是不代表这个孩子以后取得的成就会比其他人差。

分数的高低，往往成为华人父母看待青少年的眼光。分数成为父母是不是看重这个孩子的标准，而很少去探讨分数差背后的成因。

考得不好的原因太多了，有些人平时成绩很好，在重要考试的前一天，可能突然出了车祸或大病一场，成绩直直落下来。也有可能是因为他对这一科本来就没有兴趣，学习自然不佳，分数自然不高。没有找出原因，只是批评下降的成绩，于事无补。

成绩，是拿来做参考的，而不是拿来贬低孩子的。就像子维这次的表现或许不尽如人意，而他的父亲却否定其价值。这在子维的成长过程中，并没有起到很好的作用。

学习不是一直坐在桌子前，分数就会有所改善。当一个孩子对于学习有很大的挫折感时，成绩会很难提升。如果没有针对分数下降的原因进行客观分析，却不断要求提升成绩，也只是无济于事。

合上课本，学习人生课题

家长：孩子不想去学校，也对读书完全没兴趣，

　　　我该怎么办呢？

　　学习，是让人进步最快的方式。通过所学的知识，将它运用到生活中，我们可以做自己想做的事；同时，学习也能够让人保持活力，"一探究竟"的好奇心让人充满活力。

　　人类本来就热爱学习吗？你可以看看那些一两岁，甚至三四岁的小朋友，从他们看待世界的眼神，就可以知道答案。

　　只是，很多人丧失了"学习"的热情，更准确的说法，是丧失了在课堂上学习的热情。

　　柏成就是这样的一个孩子，他是个精力十分旺盛的男孩，在操场上跑跑跳跳两三个小时都不成问题，坐在教室没十分钟就开始找人聊天。被训斥过后，他干脆改成呼呼大睡，而且这个状况越来越严重，老师忍不住跟他的母亲联络，希望可以改掉他这个毛病。

　　母亲很怕儿子会因为这个样子，而被贴上标签，特别找儿子

谈谈，柏成无所谓地说："我就不喜欢上学！""你这样的话，未来要怎么办？""以后的事，以后再说啦！"未来还没有到来，柏成根本不在乎。

他不在乎，母亲却在乎。她怕柏成不爱读书，会跟不上别人，之后没有学历，到社会上要怎么跟人家拼？"以后就来不及了，你为什么这么不爱读书？"母亲伤透了脑筋。

"不喜欢就是不喜欢！我就不想去学校！"柏成也吼了起来！好像学校是个火坑似的，提到学校就反感。

交谈未果，柏成的母亲感到头痛，既然儿子这么不喜欢去学校，母亲考虑是不是帮他转校或转班，换个读书的环境会不会好一点？

不喜欢读书的孩子太多了，柏成不是第一个，也不会是最后一个。孩子为什么不喜欢读书？这要回归到我们的教育上来谈，填鸭式的教育已经压抑了学生的热情，不管是小学，还是初中、高中，孩子的身体正在发育，精力无比旺盛，同时正处在跑跑跳跳的年纪，却要待在狭小的空间里。

成人总是会说，珍惜读书的时光。的确很多出了社会的人，想再回到校园，但学习能力大不如前，而时间也更稀少。

要如何在孩子喜欢跑跑跳跳，和发奋学习之间平衡呢？最好的方式就是培养他们的兴趣。

可惜现在的教育虽然强调五育发展，但在"智"这一块，并没有很好地去引导。读书读得很痛苦的人，有的就是撑完学生时光，就把所学的知识抛诸脑后。说真的，还挺可惜的，学习毕竟是长久的事。有些人干脆直接拒绝读书。

对学习已经失去热情的人，如果就此放弃，就错过记忆力最强的时光。而这个社会也很现实，没有点学历又没实力的话，是很难混出名堂的。遇到这种青少年的话，我的建议是，即使孩子不喜欢读书，也要去跟外界接触，学校还是不能错过。他到了学校，不一定是去学习课堂上的东西，可以去跟辅导老师谈谈，或是多跟同学接触。

即使读书的心是封闭的，起码对世界的心是打开的。

如果孩子一到学校就感到紧张，或是特别敏感，这时候医生可以介入治疗，像过动儿的家长如果能够跟医生好好配合，多半能取得效果。

有些家长会觉得，既然孩子读书读得这么痛苦，要不然换个跑道，像是去体育班，说不定未来能够拿奥运金牌，这也是一条出路。但就现实状况来看，运动员的出路真的就多吗？而且孩子是否喜欢体育？如果要送孩子到体育班或美术班，真的要多多考虑。不要像有些家长觉得孩子不听话，就将他丢到军校去读书，那种出发点是不一样的。

学习让人觉得乏味，甚至反感，那是因为没有热情，做家长的需要多费一点心思，唤回他的热情；而已经拒绝学习的孩子，也不用急着将他推回到书桌面前，他虽然没有读可以翻开的书，但他正在学习人生的课题。

摆脱胶着的家庭教育

家长：教育孩子是我一个人的责任？

　　　我要怎么要求另一半一起来教育孩子？

家长：我想好好教孩子，可是跟另一半的观念冲突、

　　　意见相左，该怎么协调呢？

家长：孩子的问题都是我（母亲）的错吗？

　　　是我的教育方式有问题吗？

家长：我想好好教孩子，长辈却来插手，怎么办？

家长：我跟孩子为什么会有代沟？

　　　有办法拉近彼此之间的距离吗？

另一半缺席的家庭教育

家长：教育孩子是我一个人的责任？

我要怎么要求另一半一起来教育孩子？

"男主外，女主内"，而这个女性主持的"内"务，还包括了对孩子的教育。我们现在一般对孩子的教育，都落在母亲身上。孩子在幼儿园生了病，第一个通知的就是母亲；孩子在学校闯了祸，第一个被打电话的也是母亲。母亲要处理的孩子的事，比父亲要多。母亲教育孩子，这是个普遍的现象，甚至整个社会氛围也是如此。

阿秀姨的丈夫下了班，一看到她，先问儿子的下落，阿秀姨觉得莫名其妙，平时丈夫是不会过问儿子的事的，今天有点反常，她问："怎么了？"丈夫的怒气瞬间被点燃！

"孩子在做什么事？你都不知道吗？你都没有在管吗？他在学校被记了过，你知道吗？"想到刚才上班时收到学校发来的信息，阿秀姨的丈夫强压着愤怒，一直回到家里才爆发！甚至说："你每天在家没事干，都不懂得管管孩子吗？你这个妈是怎么当的？只会在家里吃闲饭……"

长久累积下来的委屈，阿秀姨也忍不住了，她猛地爆发出来！又哭又喊："我没有在管？孩子都是我的事？你每天只会上班，什么都不管，还说我没有在管？孩子是我生的，我是他们的母亲，但是你这个爸爸是怎么当的！"

阿秀姨的心声，也是众多华人母亲的心声，在华人的社会里，大部分的男性多是到外面去打拼，成为一个缺席的父亲，在日新月异的社会中，这是一种灾难性的行为。

华人世界中的男性，让"父亲"这个角色在家庭中实行了一场缺席性的教育。

即使时代已经改变，也有不少妇女在结婚之后投入职场，然而教育孩子这部分，还是落在女性身上。不管是母亲自己，还是社会的观感，孩子必然是黏母亲的。几乎从生完孩子之后，母亲就和孩子绑在一起，再加上其他问题，不论是身体，还是心灵上都感到疲累。

虽说现在这个状况改善了很多，但就我看来，还是挺严重的。这种缺席性的教育，让整个家庭都受到影响。

"父亲"在家庭当中，有教育的功能。虽然现在社会有很多父代母职或是母代父职，但如果父亲明明存在，却很少出现，也容易引起一些问题。

身为一个母亲，自然也希望另外一半能有参与感。如果父亲平常就没管教孩子，突然插手，也是很容易发生问题的。就像阿秀姨原本就为教育孩子伤透脑筋，丈夫突然跳进来，并直指她的不是，夫妻间就很容易产生冲突。

不论如何，"父亲"这个角色，还是要有参与的机会，只是看用什么方式将他拉进来共同教养孩子。

家庭中有这个需求，父亲们并不一定自觉，而妻子也不要去批评先生不关心孩子，因为很多男人被教育成只要负责赚钱养家就好。只要有起步就永不嫌晚，我建议妻子可以用"撒娇"的方式，来向丈夫寻求帮助。

例如，称赞他很棒、嫁给他很幸福。即便你心中不是这么想的，先生能够协助你才是重点。

在《汤姆·索亚历险记》里，汤姆一个人要刷完那面墙，起码要花上半天的时间，他却对经过的小朋友说，我觉得能够刷这面墙的人，一定是最聪明的人，其他小朋友听了，就义无反顾地下去刷墙壁了。

妻子可以跟先生说你现在不舒服，"需要"他帮你把现在这件家务事做完，非他不可，他就会去做了。或是你今天很疲倦，希望他能够帮忙。不用太过逞强，到时候累的还是自己，然后又埋怨另一半没有帮忙。

再者，就是要宽容一点，像有些老公从来没做过家务，自然是不熟练。好不容易愿意做了，却做得乱七八糟，不尽如人意，也不要责骂，这样的话，事情永远是你在做。就跟教育孩子一样，要给他正面的回馈，对方才会去做。

重点是，妈妈要让父亲这个角色有"参与感"，不管是家务事或是教育，慢慢引导他进入家庭，让他习惯承担家里的事情，包括陪同你一起教育孩子。

夫妻间的教育天秤

家长：我想好好教孩子，可是跟另一半的观念冲突、意见相左，该怎么协调呢？

在台湾，管教孩子的家庭状况通常有两种：第一种，一方在管教的时候，另一方没理会。通常我看到的是爸爸不管妈妈管，前面已经说过如何将爸爸拉进来参与的方式，也建议妈妈们不要将所有的事情都往自己身上揽。

另外一种，就是夫妻双方都在管教，父亲也愿意参与，可是想法却不一样，这就很难处理。除了行为上的管教，另外一种就是学习上的管教。

美香之所以会选择在家里帮人修眉、做指甲，一方面美容是她的喜好；另一方面，可以在家里照顾孩子。

美香的丈夫时常出差，一年有一百八十天的时间都在外地，其他的时间就在家里陪伴家人。只是美香常念叨他的人是回来了，心却没回来，时常喊着上班累，回到家里，不是看电视就是睡觉。

　　而这次美香的丈夫回来，见到美香随意摆在桌上的成绩单，不免叫了起来："这是怎么回事？智中这次全校排名竟然是三十多名？"

　　"他们那个年级，全校有三百多人耶！"美香并不以为意，比上不足、比下有余嘛！

　　"我不是还花钱让他去补习了吗？"美香的丈夫更加不满，他花了这么多钱，送儿子去学习，竟然只考出这种成绩！他决定，不能再这么放纵了。

　　我曾经遇见过一些父亲自己数理化不好，对孩子要求却很严格，但是，我们别忽略了"遗传"。如果家长原本数理化不佳，生出一个聪明绝顶的孩子，那是上天送给你的。如果家长自己的数理化不佳，又要求孩子的功课很好，却以为不断地练习，能力就会提高，但这个谁也没办法跟你保证。事实上，这部分还跟头脑有关。

　　虽然有些男生理科较强，对电子机械较有兴趣，这部分的能力也较好；有些女生文科较强，对家政裁缝等较有兴趣，但这并不具有代表性，也有相反的状况。

　　智中的父亲真的开始盯他的功课了，向来在美香的呵护下，智中都是快乐且自由地学习，考得好，美香会给予赞美；考得不好可能说两句，也没有特别要求。对于智中来说，学习就当作是每天要吃的饭，有消化进去就当作是自己的，没消化进去的就是拉出来了。

父亲可就不同了，认为都送他去补习班，钱都缴了，钱要花在刀刃上，非得看到成效不可，于是紧盯他的成绩，以满分为标准，差个两分就会追问为什么。非得把原因找出来不可。如果是粗心大意，就会被责怪不够细心；如果是不会，则被视为上课不认真，搞得智中快消化不良了。

原本智中对父亲能够在家多陪陪他，是感到期待的，但这半年下来，智中并没有感受到天伦之乐，反而陷入了学习的煎熬中，每天都为了父亲的标准分数而生活。他私下跟母亲抱怨，父亲还是继续去出差好了。

美香知道无法改变丈夫的个性，只好劝着智中，父亲只是想要关心他，只是方式不太一样，智中虽然不太满意，但起码他可以在母亲这里得到喘息。

智中的父亲在管教孩子上，已经对亲子关系造成影响。而很多家长在管教孩子方面，也不乏冲突，就像韩剧《天空之城》里，车教授对两个双胞胎儿子施以金字塔教育，必须要站上顶端，才能出人头地，兄弟俩就算嘴上不说，心里也是大为不满。而他们的母亲看到这个状况，总是私下去修补这个状况。

说得更明白些，就是用"爱"去补回另外一方对孩子造成的伤害，再让孩子多接触一些个性不同的长辈，让这些局外人从不同的角度，还有关怀，来补回父亲或母亲对这个孩子的伤害。

有些父母会认为，我要求你学习，是在为你好，你怎么都不懂我的苦心？这些孩子若是懂的话，也就不是孩子了。

大多数家长给予孩子的都是"爱"，只是得找出一个双方都愿意接受的方式才能皆大欢喜。

孩子的问题都是我的错吗？

家长：孩子的问题都是我（母亲）的错吗？

是我的教育方式有问题吗？

父母并非绝对坚强的，在遇到问题时也会害怕、脆弱。而在面对孩子在学校出现状况，除非父母相当自信或是不讲理，不然对于孩子出了严重的状况，在心理上都是会有负担的。

阿秀姨就是很明显的例子，她因为儿子被记过的关系，吃不好也睡不好，成天唉声叹气，原本还会出去走走，跟邻居聊个天，现在更是待在家里，哪里也不想去。

阿秀姨对自己感到相当失望，觉得她这么用心带孩子，孩子还是不听话，又被记过，更是让她灰心到极点。也让她质疑起自己，她是不是不适合当母亲这个角色？要不然，她已经这么尽心尽力了，还是出这种状况？她觉得自己好失败，无论怎么做都做不好，觉得自己是个失败的母亲，儿子会这样，都是她的错。她甚至觉得自己的人生是失败的。

阿秀姨的状况越来越严重，不仅夜不成眠，早上做什么事也都不对劲，还差点把锅空烧过好几次。到最后，她终于去医院，被转介到身心咨询科，医生诊断出她患有抑郁症，要吃药控制。

当然孩子不一定是她患抑郁症的全部原因，一个人大脑血清素的多寡，跟他所经历的事情，都会让人有抑郁的倾向。除了其他的原因，阿秀姨因为儿子在学校出状况，感到很不好受，心里有很大的罪恶感。

子女是父母爱的结晶，没有人希望他是个"失败品"，一旦出现这种状况，有责任的家长会先怪罪自己。

不过，孩子出了状况，首先还是要先厘清究竟是"意外"还是"蓄意"。纵观现在教育的现状，老师跟学生之间的比例太低，老师没办法顾虑到所有的状况，不可能彻底了解每个学生的状况，还有事件发生当下的现状，所以大部分还是以"不出事"为原则。

而"意外"之所以被称为"意外"，就是它不知道什么时候、以什么样的方式到来。就像孩子在楼梯上玩耍推挤，结果有一方不小心从楼梯上跌了下去，责任的归属很难厘清。

而这些行为的原因，有一部分是孩子有生理上的问题，像过动儿他们无法掌控自己的大脑。

想象一下，在每个人的大脑里，有个"刹车系统"，控制着我们的行为，而过动儿脑袋里的刹车系统，功能没有办法正常发挥，导致他们有过动的状况发生。

如果孩子的行为确认是生理的原因，那就跟医生配合，好好治疗。过动儿尚且有药物可以控制，而孩子在学校出了状况，最难处理的部分就是"行为"的问题。

孩子为什么会在学校出状况？有时候跟教育无关。父母可以思考的，是这个孩子平常是处于什么样的"氛围"当中。

如果家庭是个能够让孩子释放压力的地方，那么孩子在学校不会有太过出轨的行为。我所碰到的状况，几乎都是这些孩子在家里感到窒息，没办法得到一个情绪上的出口，所以他们从其他的地方发泄。

大部分的孩子出状况，都跟家庭有关系。像家里的氛围常常处在紧张的情况下，比如，父母最近在吵架，或是冷战。

即使有的父母认为，他们没有在孩子面前吵架，或让孩子知道家庭的变故。但是，父母的表情会出卖情绪，同处一个屋檐下，其实孩子对家里的氛围变化是很敏感的。

孩子的异常行为，通常突显出某部分的讯息，能不能找出真正的症结点，最主要还是有赖于父母的努力。

长辈的教育"原则"

家长：我想好好教孩子，长辈却来插手，怎么办？

　　长辈疼爱孙辈是人的天性，有时疼爱的程度，已变成溺爱了。如果长辈在管教孙辈时与子女意见相左，破坏原则的话，子女就头疼了。

　　就像孩子不乖，母亲破口骂个两句，孩子只要喊声"爷爷、奶奶"，就会有人出来救场了，甚至连开口都不用，只要一个哀求的眼神，长辈们就乖乖投降。

　　家有老人不是问题，而是老人主动干扰教育，尤其是孩子的人格教育和价值观还没有发育成熟，教育时又处处受到干扰，才让家长感到烦恼。

　　佩珊等到老公回来，便把他带到房间，关起房门，她忍耐了许久，终于等到机会抱怨："你有没有跟你妈说过，不要再给光耀零用钱了？"

　　"提过了啊！"

　　"那光耀买的手机又是怎么一回事？他明明已经有一只了，

说想要换最新的型号，竟然自己买回来了。我没给他钱，除了你妈，还有谁会这么做？"佩珊简直气炸了！"我每次只要纠正他，你妈就说他还小，这样我很难教孩子。"

上个星期，光耀骑着自行车，不小心和其他人擦撞，照理说，双方都有错，而光耀的奶奶却指责对方，说他不长眼才会出事。害得佩珊拼命跟对方道歉，等婆婆不在旁边，她才好好地教训光耀。

"没有那么严重吧……"佩珊的老公只能苦笑。

婆媳之间，不只是两个女人的相处问题，还有孩子的教育问题。当然不只婆婆，公公也会有这个状况，甚至外公、外婆，都会干涉孩子的教育，这也是我碰到三分之二的家庭，家庭教育失败的原因。

我们所处的华人社会，向来是"敬老尊贤"，不管这个老人是不是贤者，或值不值得敬重，只要年纪够大，就像是个令牌，通行无阻。这要从人类的发展来看，在以前的社会，老人是有地位的，并且受尊敬的，因为他们的经历，让他们获得智慧。

然而，科学进步快速，老人的知识显得落伍，就以育儿方式来说好了，以前的老人会把饭菜放到嘴里嚼一嚼，再喂给孩子吃，用现代的眼光看，或许不可思议，但确实是这么做了，于是两代人的观念产生了冲撞。

再者，现在医疗进步得很快，老人家的年纪一大把，可是在社会上又没有受到敬重，就很难感到存在价值，如果再不与时代接轨，就会被人遗忘。

并不是真的把他忘记，而是他在社会、家庭的地位，相对没有青壮年时被看重。那么，当老人家想要在家里被人"看见"，就是讨好孩子。最常见的，就是孩子在被父母责骂或教训时，老人家会冲出来，不管是用言语，或是用行动，来维护这个孩子。

光耀的奶奶绝对不是第一次用金钱来宠溺孩子，其他时候也处处与佩珊作对，这才让佩珊感到困扰。

当然老人也不尽然是为了被看重，才疼爱这些孙辈，以至于与儿女作对。天性也是其中一个因素，在看到孙辈泪眼汪汪，或是委屈，哪个爷爷或奶奶不会跳出来？家长们其实也很感谢多一个人疼爱孩子，只是在教育的过程中，如果没有办法让青少年知道"原则"，是会产生后遗症的。

在明白长辈的心态之后，其实就可以解决孩子的教育问题。多和长辈沟通或是让他们多参与社会活动，让他们找到价值感，所以想要解决青少年的问题，首先得解决长辈的问题。

有"代沟"还是能投其所好

家长：我跟孩子为什么会有代沟？

有办法拉近彼此之间的距离吗？

　　经过医生的治疗，阿秀姨的抑郁症得到缓解，加上阿娟姨和阿珠姨的鼓励，她终于愿意在周末出去走走。三个女人虽说是"爬山"，也只是走一些比较陡的路。

　　和老朋友说说话，看看秀丽的风景，身体流流汗，阿秀姨觉得心情也舒坦了不少。

　　走到半山腰时，阿珠姨招呼大家坐下来，从背包取出自己泡的茶，递给阿娟姨和阿秀姨，并且聊了起来，聊不到五分钟，又聊到每个人的家庭和孩子。阿珠姨只要提到她的丈夫和儿子，就满脸苦恼；阿娟姨亦然；阿秀姨突然觉得自己不是寂寞的。

　　"唉！真不知道现在的年轻人在想什么？"

　　"是啊！"

　　"都说我们老了，我们不懂他在说什么，我们有那么老吗？"

　　"唉唉！"

"跟现在的孩子讲话，真是有代沟啊！"阿秀姨无可奈何地说，阿娟姨和阿珠姨都有共鸣地点了点头。

让我们先明白一个问题，那就是为什么会有"代沟"这回事？明明是最亲密的家人，相处上却有隔阂。

先从生理上来说，一个六十岁的老人，跟一个十八岁的青少年，在体力上就有差异，身体就有很明显的差别了。

青少年们对事物充满好奇，喜欢新鲜、刺激，也会不停尝试，他们正在用他们的方式去接触这个世界。而人类的脑细胞，每十年就会退化五毫米，所以就算你再怎么不服老，还是会变成老人的。

生理状态就已经如此了，那心理上呢？成年人经历过人生的风风雨雨、大风大浪，渐渐地平定下来，做任何事情时，都小心谨慎，在下决定时，也会多想一步。他们考虑的层次，会比年轻人还要多，往往被视为没有动力。

而这些成年人会忘记年轻时的冲动，安于现状，也可以说他们所承受的痛苦，让他们变得稳重了、成熟了，就算他还记得那份感觉，但并不一定会像青少年那样直接去做。所以才有些人会感叹，忘了自己曾经年轻过这回事。

既然明白人总是会变老，那么就可以明白青少年为什么不想跟我们讲话。两种阶段就已经不一样了，中间自然有隔阂。

如果一个人已经保守，活动力又差，那再追不上时代的潮流，青少年当然不想跟你在一起。

那么，家长们想要去关心青少年，跨越代沟，就得用他所认同的方式来关心他。很多家长都用自以为是的关心，觉得青少年必须心存感激，就有"施舍"的意味，青少年当然感到不舒服。就像业务员吧！如果一个卖牙刷的业务员，一开始就硬要把牙刷卖给客户，而没有打动客户的心，业绩自然也就不佳。那父母跟孩子也是一样，因为中间已经有数年的落差，自然有"代沟"。

就像拿着 NOKIA 按键手机的人，要如何和拿着触控式智能手机的人对话？既然"代沟"避免不了，要跨过去，想跟青少年好好深入交谈的话，首先就得先接受不管你怎么努力，你都不可能像以前一样，他在生理、心灵上都无条件地黏着你。

再者，家长们要"投其所好"，用对方的语言去融入他的世界。比如，现在的青少年喜欢什么、热爱什么，你要打开心胸去研究、观察，不要只是批评，否定那些，就等于否定青少年的选择。你否定他，他自然对你关闭心房。因为年代已有差距，两边的世界不一样，你不用全盘了解，但起码要知道他在做什么。

就像有些男生在打游戏，你不一定要陪他玩，但至少你可以知道他在玩什么游戏、术语又是什么。女生如果追星，你听不懂他们的歌曲，至少可以知道她所崇拜的是什么团体。

我遇到过一个很有趣的例子，那个孩子很喜欢看足球比赛，有一次，他正在看世界杯，看得起劲时，他的妈妈从房间跑出来，并且喊了一声"全垒打"！那个孩子都不知道要怎么跟他的妈妈解释了。这也不能怪那个妈妈，至少她很努力地想要融入孩子的世界，只是还搞不清楚状况罢了！

　　试想看看，从智能手机出来到现在，已经经过多少代了？家长所代表的手机已经跟现在青少年代表的手机完全不同了，"代沟"必然出现，承认彼此之间的距离，才能更好地面对问题。

　　也不要那么害怕代沟，可以试着去了解孩子们讨论的话题，投其所好。也就是尽可能用"朋友"的角度，而不要用权威的方式，强迫你的孩子去接受，并用青少年的语言拉近关系。

　　父母们也不用妄自菲薄，过于恐惧，觉得不够了解青少年的世界，就灰心丧气，反正这些青少年长大之后，有了孩子，也是会跟他们的孩子有代沟的，不是吗？

你有跟孩子沟通的
自信吗?

家长：孩子很没有自信心，时常畏畏缩缩，

　　　我该怎么鼓励他？

家长：孩子在外面遇到挫折，我该怎么安慰、鼓励他呢？

家长：孩子犯下无可挽回的大错，我该怎么办呢？

家长：我跟孩子起了冲突，我知道是自己不好，

　　　但身为家长我该跟孩子道歉吗？

家长：我想跟孩子道歉，但万一他不理我，

　　　我怎么做才能挽回与孩子的感情？

家长：孩子总是爱跟我起冲突，我想叫他乖一点，

　　　让他听我的话，我要怎么做？

从错误的地方开始赞美

家长：孩子很没有自信心，时常畏畏缩缩，我该怎么鼓励他？

自信，是一个人前进的原动力，有自信的人才有勇气挑战未知的人生，开创无限的可能性。然而，不是所有的人都具有自信，如果他们对于"挑战"失去了勇气，停留原地，裹步不前，会让人不免担忧。

父母看到子女没有自信心，不免充满焦虑，总希望他们能够前进，恨不得推他们一把。

然而，许多挑战还是得靠自己征服，如果一个人没有信心，任凭用货车来拉都没有用，做父母的又要如何帮助子女前进呢？

子维的父亲周末带着他到麦当劳店门前，只见子维站在原地，掌心冒着汗，看着来来往往的人群，不敢动弹。一旁的母亲看不过去，说："不要这样，他还没做好准备……"

"就是你这样宠着他，他才没办法面对人群！"子维的父亲生气地说，"现在是在训练他的自信心，你不要插手。"说完，又吩咐子维上前。子维的母亲只能无力地看着这对父子俩。

前阵子，子维的父亲不知道从哪听来一套理论，说想要培养孩子的自信心，可以试着跟陌生人说话，就真的将子维带到麦当劳门前，叫他跟从里面出来的人借一百块钱。

面对这样刻意的安排，子维感到不安，他求救似的朝母亲望了一眼，子维的母亲知道他是内敛了些。读小学时，老师还时常赞美他，说他很有爱心，对同学很体贴。等上了中学，优点似乎都消失了，在父亲的眼中只剩下缺点。

家长觉得孩子没有勇气、自卑，事实上，缺乏自信这一点还是跟父母有关。

有的父母学历很高、社会地位很高，孩子一出生就笼罩在这种环境下，还常常被比较，"虎父无犬子"，未来孩子是不是也能够拥有这个光环？这对孩子来说，是个无形的压力。

不过，大多数的自卑还是跟教育有关，特别是父母在教育孩子的过程中，是鼓励还是打压，就会影响到他的自信心。

一个人的所作所为，如果一直被批评，那他的自信心就会丧失，特别是孩子。当自信都还没成长、发芽，就一直被扼杀，那到了青少年时期甚至成人，他也会没有自信，自然无法去争取他所想要的东西，包括人生。

那么，要怎么让他从人群的背后走出来？培养自信的初步，是家长要放下主观意识，去研究孩子感兴趣的事，共同参与，甚至可以反过来跟孩子学习。像有的孩子虽然功课不佳，但可能很会画画或做手工，家长可以先赞美他，然后问他怎么画得这么好？或是为什么手这么巧？

世上没有完美的人，也没有完全没用的人，功课不好，说不定他在体育上表现很好；体育还是不好，说不定他在艺术上很有天分；就算他的学习能力真的不佳，但他的人品与心地很好，像是善良、同理心等。重点是父母有没有去挖掘孩子的优点出来，然后给予肯定。

也就是，你要先让孩子知道，他不是一无是处，是有优点的。"肯定"是自信的来源，相反，就是毁灭了。

就算我们认为再平常的小事，像洗碗、扫地、提重物等都可以赞美。想要提升孩子的信心，就要让他明白，原来他还是有长处的，在家长的心中还是有地位的。

那如果他做得真的不好呢？大多数家长都犯了一个通病，就是先看到缺点，然后将缺点放大，最后就变成不可饶恕的错误，这就会破坏孩子的自信。

这就跟半桶水的故事很像，一个孩子扛着桶去河边打水，因为桶很重，回来的路上摇摇晃晃的，水都泼出来一大半，等他到家了，生气的父亲说："你怎么那么不会做事，只剩下一半的水！"母亲则对他笑容满面，称赞他打了半桶的水回来。

你所看到的是缺点还是优点？就算你觉得他真的做得不好，但又如何教育"失败"？

这不禁让我想到以前在犹太会馆时，有一次有个新人进来，他想要点蜡烛，因为他第一次做，所以就做得不太好。这时候，犹太的拉比，就是我们习惯称的"长老"说道："没关系，多做几次就会很完美了。"

这就是我为什么在书中多次提到犹太的教育，其实美国的教育也有类似的观点，就是即便你现在失败，也是会给予肯定，甚至会鼓励你从错误的地方出发。而中国的教育，即便你做得再努力，考了九十九分，父母往往还是会看到失去的那一分，那考零分的话，就更不用说了。

先肯定还是先否定，是影响一个孩子自信心建立的关键，建议家长在肯定之后，再来引导，如此，孩子的自信心才会真正培养起来。

消弭"挫折"后的孤单

家长：孩子在外面遇到挫折，
我该怎么安慰、鼓励他呢？

人生不是一帆风顺的，不论是成人还是青少年都一样。年轻人的日子不像阅历无数的成人们那么精彩，但在他们的生活当中，会经历大大小小的事，有时顺利，有时失意，难免遇到挫折。

孩子遇到挫折时，心中难免失望、失落，而能不能消化这些，除了个人特质之外，跟父母的教育也有很大的关系。

就像慕同的母亲从其他人的口中，听到儿子期待的排球比赛取消了，十分惊讶！慕同是球队的队长，责任心很重，也很喜欢体育，从这个学期起，他就将重心都放在训练球队上。

而现在比赛取消了，她知道这对儿子来说，是个很大的打击。虽然遇到这种事，但慕同回到家什么都没有说。身为父母，看到孩子受到挫折总是不忍，希望他们能够赶快振作起来，重新出发。

再者，家长们年纪够大，有很多成功的经验，也有失败的经验，以及人生智慧，愿意教导他们的孩子踏上成功的道路，或是避免重蹈覆辙。

只是青少年如果在外面遇到问题，并不一定愿意和家长分享，这不免让做父母的感到受挫，认为自己是不是得不到他们的信任，要不然为什么孩子什么都不说?

我们不妨思考一下，在你很痛苦、很难过，感到灰心沮丧时，如果有人一直在旁边告诉你要怎么做，你会有什么感受?"沉淀""冷静"是情绪复原当中，不可缺的一环。

挫折虽然不好受，但也可以带来成长，青少年如果遇到挫折，不尽然都是坏事。而在这个复原的过程中，最大的杀手其实不是挫折本身，而是面对挫折时的"孤单"。

很多人都误解一个受到痛苦、挫折的人，找上另外一个人，目的是在寻找帮助，希望对方可以解决他的困扰。其实他的目的是想知道在这个世界上，是不是还有人在关心他。

这就得分清楚，家长"关心"孩子，跟告诉孩子要怎么解决问题，是不全然相同的两码事。

就以慕同的母亲来说，她明明知道慕同的心里一定很不好受，她没有选择拉着儿子坐下来好好谈谈，而是在等待时机。表面上看起来好像没有关注，但事实上，父母的一颗心还是放不下的。

据说耶稣跟门徒在一起时，话都很少，大部分的时间，都是听门徒在倾诉。而他专心聆听，虽然看起来好像什么也没做，但当门徒跟他倾诉内心的痛苦与不安时，耶稣是很认真、专注的。这些门徒感受到耶稣是真正在关怀他们，让他们很安心。

而另外一种例子，是我遇见过那种刚入行的医生，人很好，也很热情，以天下苍生为己任，特别喜欢帮病人解决问题，而他说的话可能比病人还要多。如果有位病人觉得心情不好，说好痛苦、想要去死，他就会劝病人不要有这种想法。说实话，那不是在帮助病人，而是在帮助自己。

因为你听到对方在呻吟、痛苦，你就叫他不要叫，要振作起来，老实说，是因为你的心中不好受。在你看到他振作之后，你的心情才好过，说到底，还是为了自己。

就像一名抑郁症患者，他可能痛苦得想死，而旁边的人为了鼓励他，会为他打气，有时候弄巧成拙，对方反而更抑郁。

因为这些人的鼓励，目的是看到受挫的人振作起来之后，他们的心情才会舒坦，这反而加深了抑郁症患者的负担，因为他除了得面对内心的抑郁，还得照顾他人的心情。

"热情"常常被视为丰沛的爱，但爱有很多种方式。青少年遇到挫折时，家长们不用急着当下就要替他解决问题，因为你不知道他是需要"陪伴"，还是"解决问题"。

那最好的方式，就是先选择"聆听"，再来决定。而在"聆听"时，别忘了让他知道，你在他身边。

"共同"面对犯错

家长：孩子犯下无可挽回的大错，我该怎么办呢？

人非圣贤，孰能无过。每个人都会犯错，知错能改，善莫大焉！然而，有些错误，犯了之后就难以挽回。像杀人、吸毒，已经不是一句对不起就可以解决的了。

不是每个错误，都会被原谅，有些伤害一旦犯下，就再也弥补不了。

人生的确不可能不犯错，如果那些过错是在原则之内，或只是影响自身，就还可以接受；而抵触法律，破坏世间的原则，则通常令人难以接受。

顺芳接到学校通知时，急匆匆地赶到学校，在听到老师告诉她发生了什么事时，她的脸色相当难看，立刻带着惹祸的正国，到医院去向被他打伤的同学赔罪。在医院，顺芳遇到了受伤的同学的父母，她听到被正国打伤的慕同有脑震荡，必须留院观察，顺芳整颗心都快要碎了。

她怎么也想不到，身为球队主将的正国因为考试作弊，连带影响整个球队都无法出赛，被身为队长的慕同说了两句，正国就大打出手！

她的孩子竟然犯下如此大的错误！而身为母亲的她，难辞其咎。如果慕同出了什么事，她根本没办法向慕同的父母交代。

不知道正国明白自己错了吗？他反省了没有？顺芳向来是疼爱孩子的，只是正国这次犯的错误太严重了，如果她不教训，让他知道自己错了，以后一错再错怎么办？但是，她担心如果教训的话，会不会影响到孩子跟她之间的感情？

正国虽然罪不至死，但他动手伤人，甚至把人打到住院，很明显已经违法，破坏了所谓的原则。一个人无论犯了什么错误，如果影响到其他人，就破坏了公正。法律，也是建立在这个上面的。

那么，青少年如果破坏了原则，甚至很明显地违法，父母又该如何面对？

打开资讯，随便找都可以找到类似的状况，我们可以看到当孩子犯错时，父母的反应也是大不相同。

第一种父母在知道孩子犯错之后，想办法亡羊补牢，不论是压低姿态或是物质补偿，无论如何都不希望他们的孩子被处罚。很多所谓的妈宝或是浪荡子，都是这样被宠出来的。

当然这些父母也不希望他们的孩子一再犯错，在他们的心中，总是希望孩子经过这次教训后，就可以洗心革面、重新做人，好好做他们的乖孩子。但除非孩子能够自省，要不然还是会周而复始，陷入恶性循环当中。

第二种父母一听到孩子犯错，马上就跟孩子撇清关系，这类父母将孩子的表现，跟自己的面子绑在一起。在他们心中，和孩子切断亲子关系，也就和他所犯下的行为切割了。孩子就算有心改过，在父母这边，关系恐怕也很难修补。

孩子犯下大错，家长到底怎么做才好？怎样才能让他知道错误，同时又不伤害亲子感情？这恐怕是许多父母的苦恼。

当然也有家长会认为孩子很乖，任何的错误都跟他没关系。如果孩子犯错，一定是别人带坏他的，千错万错都不是他的错。既然父母自己都不懂得反省，那也别指望孩子会有多大的体悟。孩子是父母的一面镜子，父母是孩子复制行为的来源。

一个家庭中，孩子犯下了大错，是父母独自承受，还是都交给孩子，抑或是共同承担？我们看一下 1989 年香港推出的一部电影《三狼奇案》。这部电影是以轰动一时的"三狼案"为蓝本改编的，它叙述了三名凶手伙同另外一名嫌疑人绑架富商，甚至进行谋杀，最后因为内讧，被警方揭发案情的故事。那这些凶手，在知道自己躲不过死刑时，又是怎样的心情？

其中有一幕引人深思，在电影当中，有个由郑则仕饰演的凶手，他在妻子探监时，跟她说，我死了之后，你再嫁给其他人吧！他的妻子只是回答，我会一辈子为你守寡。

在这部电影中，即使爱人犯下了错误，爱人仍然是爱人。那么家人犯下了错误，还能够成为家人吗？

　　这个妻子明明知道丈夫犯下不可饶恕的错误，为什么还愿意下辈子和他做夫妻？因为她打从心底，还是爱着她的丈夫的。

　　虽然这个例子是夫妻，但不论套用到家人还是朋友身上，都是一样的。一个人如果真心诚意支持所爱的人，即便责骂也好、训诫也好，都能让对方感到家人的心还在他身上。

　　顺芳如果想在不破坏亲子关系的情况下，让正国为这次的行为负起责任，她做的任何决定，正国都是会感受得到她的心意的。

　　人生的路上，谁不犯错？重点是犯了错要勇于负起责任。如果是自己的孩子，不论是有意或无意犯了错，在"共同"面对错误时，还是可以让他知道，你是在乎他的。

扛起责任的道歉

家长：我跟孩子起了冲突，我知道是自己不好，
　　　但身为家长我该跟孩子道歉吗?

　　错误，人人都有可能犯，即使是成熟的人，也有可能犯下错误。父母不可能永远都是对的，孩子也不可能永远是错的。孩子犯了错，大人协助他们走到正确的道路上，那如果是父母犯了错呢？这对一直处于"教导者"的父母来说，是个很大的挑战。道歉的话，岂不失了父母的"权威"？不道歉的话，在道理上又说不过去，其实父母也是很为难的。

　　就像前几天佩珊打算拿账单去缴费，拿起钞票数了数，怎么算就是不对，硬是少了三张。佩珊觉得奇怪，昨天她从 ATM 机取钱出来时，明明取得刚刚好啊！她觉得疑惑，便询问坐在客厅的光耀："你有没有拿我的钱？"

　　"没有啊！"光耀继续坐在沙发上玩他的手机，那个吊儿郎当的模样，让人看了就不舒服。

　　佩珊想相信他，但光耀花钱向来不知节制，前阵子还因为这

个原因，被她责骂。"你说，你有没有拿我的钱。今天是缴款期限，我必须在今天把钱缴出去，是不是你又买了什么东西没让我知道？"佩珊几乎是把光耀当犯人对待。光耀也很不舒服，母子两人因而吵了起来。

佩珊感到心痛，她没想到光耀乱花钱也就算了，竟然还会偷钱。等丈夫回来后，佩珊忍不住把事情跟他说了一遍。

"你是说你放在抽屉里，夹在账单里的钱吗？我早上出门时，身边没有钱，所以先从里面拿了三百块钱，本来想到公司再跟你说，结果一忙就忘了……"佩珊听到后话都说不出来了。

关系越亲密的人，彼此越容易产生冲突，夫妻、手足也是如此。亲子之间也常常有冲突，双方都以自己的立场去解读对方的行为，而不一定读到对方真正的心思，往往会产生误会。

有一个寓言故事，大意如此：有个农夫遗失了他的锄头，他怀疑是他的邻居所偷，因为他前一天干活时，就看到那个邻居一直看着他。于是这个农夫就去这个邻居家看，邻居见到他，也没打招呼，就往后头走了，他更加认定那个锄头是邻居所偷。

后来他在整理仓库时，发现了锄头，原来他昨天在干完活之后，想去整理一下仓库，就随手把锄头一放，而忘了把锄头放到平常放的位置。

如果这个农夫和邻居吵了起来，事情可能就一发不可收拾了。在凡事尚未确定前，不要轻易下定论，误会通常因此发生。

那如果冲突产生，通常犯错的若是孩子，家长可以轻易用权威的方式，逼迫孩子认错；但如果错的是家长，恐怕就没有那么简单了。

身为家长，有时候就是拉不下脸来，明明知道错在自己，但会认为自己是"父母"，高高在上，具有权威，比孩子地位要高。我曾经遇到过一个妈妈，对我承认她对孩子发飙，觉得很愧疚，我就请她跟孩子说对不起。那个妈妈当下拒绝了，认为怎么可以这样子呢？

孩子犯错道歉，天经地义；父母犯了错，却有太多像是拉不下脸、面子等问题。

要知道，孩子的行为都是模仿父母而来的。当父母承认自己的错误并道歉，孩子自然也可以从父母的身上学到，原来犯了错误的人要先认错，要为自己的错误负责，那他就会成为这个样子的人。

如果家长推诿，将过错推到孩子的身上，会说我是因为你才会变成这样，孩子也会有样学样。

不管是谁错，错的那一方，先把责任扛起来，即使是父母觉得没面子，但若想要为孩子做个良好的典范，就要先站出来。做父母，也是要有勇气的。

父母在孩子面前认错，是一种了不起的行为，就像 1970 年西德总理维利·勃兰特在华沙犹太隔离区起义纪念碑前下跪道歉般，史称"华沙之跪"。隔年，勃兰特因此获得了诺贝尔和平奖。

父母怎么跟孩子道歉？

家长：我想跟孩子道歉，但万一他不理我，

我怎么做才能挽回与孩子的感情？

在车祸纠纷当中，为什么有的纠纷可以很快获得解决，有的却要闹上法庭？"诚心"往往是消弭纠纷的关键。任何冲突也是，如果知道错的是自己，拿出最大的善意，态度正确，通常都能够得到良好的解决。

在明白自己误会光耀偷了钱，佩珊也感到很抱歉，她知道自己没有弄清楚真相，就任意下定论，太冲动了。

佩珊的误会，也是可以理解的，光耀从小就在备受宠爱的环境中长大，要什么有什么。光耀上学之后，除了她每个月会严格控制零用钱，光耀的爷爷奶奶也会趁她不注意塞钱给他。她一直担心他会因为钱而出什么乱子，所以一直在教导他正确的金钱观。

结果因为一场误会，光耀气得不肯跟佩珊讲话，因为他觉得母亲一点都不相信他，一整天都不肯跟她讲话。

　　佩珊感到相当难受，觉得这样下去不行，于是她想了半天，后来上网找到她所需要的资讯，再走到光耀的身边，柔声地问："下个星期五，要不要跟我去看 HBL 比赛？"光耀睁大了眼睛，不敢置信地看着母亲，不过还是说："好啊！"

　　亲子之间发生冲突，如果是大人的错误，上一节已经解释过，主动道歉就能化解亲子之间的矛盾。有些话如果说不出口，可以用其他的方式来替代，重点是要让对方感到你的真心诚意。

　　光耀为什么知道母亲在跟他低头？因为他知道，佩珊不喜欢运动，她对球类根本一窍不通，找他去看比赛，实属难得。佩珊的"对不起"虽然没有通过嘴巴讲出来，但光耀已经明白，母亲在跟他道歉了，而且很有诚意，否则不会去查比赛的日期。

　　有些父母较为内敛，要不然就是拉不下脸，无论如何都说不出那三个字。但如果真的有心的话，即使是一杯牛奶，或是牵手，都可以让孩子明白你的心意，因为做父母的已经把"权威"放下了。

　　有些家长会担心，就算是低头，孩子会不会不理我？通常家长放下身段，孩子也会心软。只要是打从心底真心诚意地道歉，没有孩子会不理会自己的父母的。

　　一个表面再怎么不肯跟父母讲话的孩子，他的心是永远离不开父母的。通常你会跟一个人吵架，是因为你在乎那个人。

我曾经遇到过一个人，跟孩子起了冲突，跑来问我要怎么办？分析状况后，我知道有些问题不仅仅是孩子单方面的问题，就叫他直接去跟孩子道歉，结果那个人回去之后，就跪在他的孩子面前！

可想而知的是，他的孩子并没有接受，第二天他甚至气呼呼地跑来找我，说他都跪在地上了，为什么他的孩子还是不肯原谅他？我则跟他说，那个也太假了。一个没有诚意的道歉，只会引来反感。"诚意"才是让人接受的原因，假惺惺的道歉只会让距离越来越遥远。

在《辛德勒的名单》这部电影中，有个让人印象深刻的剧情。

在这部关于纳粹在屠杀犹太人的电影当中，辛德勒跟一个纳粹党人说，真正有自信、有权力的人，是不会杀害比自己弱小的人的。这个纳粹党人听了之后，就询问辛德勒应该怎么办？辛德勒表示，宽恕才是真正的权力。

那个纳粹党人听了，就决定试试看。他回去之后，看到一个犹太孩子正在清洁浴缸，但刷得不够干净。要是在这之前，这个纳粹党人可能会直接毒打他一顿，结果那次，他就跟那个孩子说我赦免你。

结果，那个孩子并不领情，立刻掉头就走！那个纳粹党人非常愤怒，索性开枪将那个孩子打死了。

　　我们反问一下，这个纳粹党人是真包容，还是假包容? 那一个真心诚意的低头，跟个假惺惺的道歉，哪个最容易让人接受? 对不起是要让对方感受得到，而不是只做表面功夫。

　　心对了，说什么话、做什么事，对方都可以感受到你的诚意；心不对，说得再多、做得再多，也没有办法获得对方的心。

"争吵" 不代表家庭不甜蜜

家长：孩子总是爱跟我起冲突，我想叫他乖一点，让他听我的话，我要怎么做？

人与人相处，少不了矛盾与冲突，尤其是家庭之间，那更是避免不了。加上家长如果误解孩子，认定这时期的青少年就是叛逆，冲突就很容易发生。关系密切的，可能很快就可以化解冲突；但如果处理不当，冷战也是另外一种冲突，对一个家庭的关系来说，是很大的伤害。

就像小元的母亲看不惯儿子最近的表现，小元的功课勉勉强强，但他不是把房间搞得一团乱，要不然就是该睡觉不睡觉，叫他做任何事情都拖拖拉拉，半夜还在弹吉他。

其实小元也没有做什么出格的事情，还算很守规矩，但小元的母亲总是在想，难道不能改进吗？

终于有一天晚上，小元的母亲忍不住跟他说："你可不可以振作一点，不要这么懒散，叫你收拾房间，你都不收拾，要不然上课就是常迟到。这学期已经迟到几次了？早跟你说不要玩社团，玩成这样，你忘了你现在还是高中生，要玩社团，大学以后再说……"把小元的缺点全部指了出来。

可想而知，小元几乎是跳了起来，他捂着耳朵："不要再说了啦！"

"我是为了你好，你看看你现在这个样子，以后能干什么？难道你想要一个失败的人生，你看看你的表现，以后会有什么成就？就跟你爸一样，一辈子给别人打工，一点出息都没有……"

这时候，小元忍不住爆发出来："你刚刚批评的那个人，是你老公呀！你如果不喜欢他的话，干吗嫁给他？"小元的母亲没想到他会顶撞，一口气噎住了，差点晕了过去。

子女在和父母说话时，不一定能够平心静气。所谓"家和万事兴"，想要和乐，首先是要双方都能够"平心静气"，亲子间吵架无疑是对彼此关系的一种否定，如果孩子再出言不逊，做家长的就会很难受。每个家庭或多或少都会发生这种状况，看程度轻重罢了。

要如何避免这种状况，维系"和乐"？其实"争吵"不代表你们的家庭就不甜蜜了，要不然犹太民族每个家庭都瓦解了。

父母在和子女沟通中，"权威"等同于地位，似乎子女只能凡事都顺着家长，连自己有不同的意见也不能表达，那沟通的平台就很难建立，家长也就很难真正得知子女的心事了。

小元之所以动怒，是因为他并不觉得父亲当个平凡的上班族有什么不好，而母亲老是拿他当作示范的例子，而且还是差劲的那一种，他就忍不住发火了。

如果家长可以放弃权威，让孩子把意见表达出来，矛盾就不会扩大；家长甚至在明白自己不足时，请孩子提供所知道的知识与意见，对于亲子关系的建构，甚至是培养孩子的自信心，都是很有帮助的。

当沟通的地位是平等的，意见才能双向流通，才能真正起到沟通的效果。而谈话的平台建立起来，好的可以倾谈，坏的也可以诉说，孩子就不一定要找朋友才能谈心事，那么，孩子以后遇到挫折，有心事会不跟家里人说吗？

有些孩子可能比较冲动，在冲突当中，会不假思索说出"讨厌"或是"恨""不喜欢"等负面字眼，而父母听到这里，就会痛苦许久。其实孩子真正要说的不是我恨你，而是我恨你对我这个样子。

孩子不会真的恨父母，就算他的父母有很多缺点，孩子还是会站在父母这一边，这是生物的天性。

值得注意的是，家长想要在亲子沟通中真正了解孩子的内心世界，就不能任意用权威加以摧毁。在犹太人的家庭中，父母或是孩子在谈事情，如果遇到意见不同时，家长愿意给孩子一个阐述的空间，他们强调的是"据理力争"，只要孩子说得有道理，就会让他继续发挥。

因为意见不同产生"争执"，犹太人的家长不会因此不满，而用"权威"去压迫。犹太民族的家庭是鼓励冲突的，这一点跟华人提倡的"家和万事兴"刚好相反。

　　很多人会误会这样不就永无宁日了吗？其实不能只看表面，试想，回到家中，只能压抑自己的情绪，无法表达自己的意见，甚至是听父母训话；跟一个容许跟父母交谈，容许多元意见、想法的家庭相比，后者并不完全毫无优点。

　　当然了，对父母来说，势必要做某些程度的牺牲。相对地，家里的气氛如果是开放的，孩子是不是会更愿意回家？

　　而愿意这样做的父母，本身是充满自信的，他们在跟孩子起争执后，还不会发怒，可以保持自信，接受孩子也有话要说、也有情绪要发泄这个事实，亲子关系也会更亲密。

□

父母的心理整顿术

家长：孩子长大后就不理我了，我该怎么办？

家长：有人批评我的孩子，我该怎么办？

家长：孩子要怎么教？各种教育理论一堆，

　　　我要选择哪一种？

家长：该怎么让孩子好好"孝顺"父母？

家长：我的人生如此失败，

　　　我要怎么带着孩子一起走下去？

生理上的母爱

家长：孩子长大后就不理我了，我该怎么办？

对父母来说，孩子永远都是孩子，即使他迈入成年、青少年，父母亲还是希望能够对他们了如指掌，不过，这真的不太容易。在婴幼儿之际，他可以对你坦然，他本来就是赤裸裸地来到这个世上。

随着成长，他的心智也逐渐萌芽，有了"自我"这个概念，会渐渐地脱离父母，有他专属的世界，就有了"隐私"。

孩子到底何时该有隐私？这见仁见智，对于有些青少年在这个时期抗拒父母的进入，有些家长则会受不了，觉得自己被排斥在他的世界之外。像洋洋的母亲最近就很困扰，她发现洋洋自从上了初中之后，只要一回到家，立刻就冲进房间，把门关起来，一待就是两三个小时。

起初，妈妈还不觉得怎么样，次数多了，就觉得洋洋跟她的感情是不是变了？要不然为什么大多数时间，洋洋都待在房间里？

而这一天，她来到了洋洋的房门口，发现门被锁住了。不得已，她只好敲了敲门。大概过了三十多秒，门才被打开，洋洋的表情有点紧张。"什么事？"洋洋站在门口，并没有让她进去的意思。

妈妈则站在门口，考虑到底要不要进去盯着她，还是任由她去？以前洋洋的心门就跟房门一样，是随时打开的。不过自从进入青春期，洋洋就像换了个人，神神秘秘的，都不知道她在里面做什么？

见妈妈没有进房间的意思，洋洋又将门关了起来。

妈妈相信洋洋是个好女孩，不至于干出什么坏事。可是另一方面，她仍感到相当焦虑，以前总在自己眼皮底下的孩子，逐渐脱离了视线范围，心头不免忐忑起来。

其实不止洋洋的母亲，有些妈妈在孩子刚上幼儿园时，也有分离焦虑。她们担心孩子在学校时，会不会适应不了，会不会想妈妈。而大部分孩子都是在一转身之后，就跟着同学玩耍起来。

那么，母亲为什么在跟孩子分离时，会产生焦虑或是担忧？就生理上来看，人类的脑部会分泌"泌乳素"。泌乳素可以促进乳腺发育，以及分泌乳汁的作用。

其实不只女性，男性的体内也有泌乳素，只是没有女性那么高，毕竟女性的身体才能以自然的方式孕育出下一代，生产之后，泌乳素自然会增加。

妈妈在看到孩子时，她的脑袋就会分泌泌乳素，妈妈就会有幸福的感觉。而泌乳素也会随着跟孩子的互动越来越浓，所以有些妈妈对孩子比爸爸对孩子还好，甚至有些女人本来不喜欢孩子，在生完孩子之后母爱大爆发也不是没有道理的。

再看看有多少妈妈愿意为了孩子放弃工作、放弃原有的梦想，因为孩子的成长只有一次，她们不肯错过，这些都是所谓的"母爱"。

如果把她的孩子拉走，或是孩子出事了，那种焦虑、痛苦，是男人很难体会的。当然不能说父爱就比不上母爱，我们只是就泌乳素这一点，来讨论它和"母爱"的关系。

所以可以发现，不管诗词或是歌曲，歌颂母爱的比例比父爱还高；电视或是电影就更不用说了。"母爱"是个很好的题材；甚至夫妻离异，身为人母大多也割舍不下孩子。

母爱的成因，背后与生理上的泌乳素有关，这是比较科学的说明。但不能说母爱不伟大，泌乳素所产生的母爱，可以让母亲为孩子付出所有，甚至牺牲自己。

孩子出了状况，那种痛苦对母亲们来说是撕心裂肺的。如果与伴侣的相处关系够好，则可以借由另外一半的支持，走出伤痛的阶段。

"母爱"也可以说是一种力量，让一名本来是娇娇女的女性，为了孩子变得无所畏惧，成为一名女性前进的动力。

所以，有时候母亲以"爱"介入孩子的行为时，其实也是泌乳素的影响。如果能够明白这层影响，或许对于一名母亲，在面对跟孩子分离，或是青少年想要自我的空间，而跟母亲的关系有了缝隙，那股油然而生的焦虑或许能够得到缓解。

缺乏自信的家长

我们在教育孩子，往往不是你一个人在带孩子，而是一群人想要帮你一起带孩子。像是天冷带着孩子出去，可能就会有不同的声音冒出来，说怎么不给孩子再多穿一件背心？要不然就是将孩子背在胸口时，也会有人跳出来指责你怎么这样带孩子？

通常家长在决定怎么着手教育孩子时，心中就有了主见，但如果不够坚定，在教养上也是会跟自己打架。

小优的母亲刚买完菜，还没回到家，就遇到阿珠姨，她主动打个招呼，两个女人就聊了起来。本来只是聊着天气、菜价等无关紧要的话题，突然间，阿珠姨神神秘秘地说："对了！你可能要注意一下你女儿。我前天看到她跟男生说话，手放在男孩子的手上，勾肩搭背的，再怎么说，她还是个女孩子，这样对她不好啦！要是被人家误会，会以为她在勾引男人。"

小优虽然不是个完美的女孩，不过还算知道分寸，母亲很相信她，然而阿珠姨的脸色有点鄙夷，仿佛小优是个不检点、不正经的女孩。虽然小优是个女孩子，但她母亲不希望她太过娇气，并没有因为她是个女孩子，就特别要求她要有女孩子的样子，小时候还把她放在泥土里头打滚儿呢！

母亲不把小优视为公主般照料，但也教导她做人的本分、处事的道理，以及懂得如何保护自己。不过，阿珠姨的反应倒像小优母亲是个不称职的妈妈。这让小优母亲有些伤感，难道在教小优成长的这条路上，自己失误了吗？

我们再举另外一个"父子骑驴"的故事来说好了：一对父子牵着一头驴子进城，一位路人笑着说有驴子不骑，真是傻子！父亲听了觉得有道理，就自己坐了上去，叫儿子在旁边走。走了没多久，又有一位路人说，让孩子走那么久的路，真是虐待儿童！父亲听了之后，赶紧下来，让他的孩子上去骑。

过了没多久，又有老人指着儿子，说他不孝，父亲听了，就干脆跟儿子一起骑驴子。

这时候，又有一位妇人说话了，两个人骑着驴子，真是虐待动物。这对父子也不知道如何是好。

不只教育，做任何事都一样，旁人的意见只是意见，你自己要怎么做，是你自己的事，其他人没办法替你完成。就像常有不相干的人对着女性说，趁着年轻赶快结婚、赶快生个孩子，也没想过对方想要过的是什么样的人生。如果这个女性为了别人的眼光而结婚、生子，以为这样就会幸福，结果遇人不淑，那谁能为她的人生负责？

　　家长面对孩子被其他人批评，首先得先知道孩子是不是真的做了不可饶恕的坏事，还是这是孩子的天性，或是一个误会。必须要以一个公正、客观的角度来看，才能决定孩子是好是坏。

　　就像小优的个性比较男性化，跟男孩子打来打去，没有异性的分别。能够接受她的就会说她很豪迈、帅气；看不过去的，就会说她不懂得分寸，没有女生的矜持，这种事没有绝对的标准。

　　孩子是父母生的，这个孩子会长成什么样，家长心中都有个谱。当然也有家长表示已经很尽心尽力教了，但孩子的表现却和他们设想的不一样，那就得看你是不是用"心"在教，还是只是把孩子的表现塑造成你心目中所期望？

　　一个有自信心的家长，知道怎么教孩子，因为他们不会因为其他人的意见而动摇；孩子也不会无所适从，对自己也会更有信心。

　　这不是对旁人的意见充耳不闻，因为意见充其量只是意见，所以不用因为旁人说好或坏，而动摇了自己的信念。

跳脱父母的"我执"

家长：孩子要怎么教？各种教育理论一堆，

我要选择哪一种？

　　顺芳这阵子很头痛，她感觉已经对正国的教育尽心尽力了，但是正国却在学校跟同学打架，而且还把同学打到住院，这叫做母亲的情何以堪？好像她的教育很失败，是个不合格的母亲。

　　到底哪里错了？顺芳觉得很沮丧，也很困惑，她不断上网找资料，要不然就是去图书馆，借阅有关养育的书籍来看。同时，她也发现身边的母亲几乎都有这个烦恼。

　　像洋洋的妈妈，不能适应洋洋长大的事实；子维的妈妈因为孩子很没自信心，而且子维跟父亲关系不佳，让她很伤脑筋；小元的妈妈前阵子和孩子起了冲突，心情不好时，也是找子维妈妈倾诉。

　　几个妈妈也讨论过世界各地的教育方式，像美国、德国、北欧等，希望可以培养出孩子健全的人格。但所有的教育理论都有其优劣，没有一套理论是适合所有青少年的。

"我们生在东方啊！"小元的妈妈冒出了一句。

在自己的国家实行其他国家的教育理论，执行起来也很困难。有些观念，如果都说服不了自己，又怎么去教育孩子呢？要怎么教孩子，成了家长们最大的困扰。

现在的教育理论太多了，各宗各派都有，不论是哪一国的教育理论，都有它的特色。若再加上天生气质及生长环境背景，教出来的孩子也不尽相同。

而执行教育的是父母，症结还是在父母身上。若是父母身上插着很多火药，只要子女一个动静，就会马上引爆！孩子简单的一句话，或无心的行为，甚至是在校的成绩如果低于预期，父母会立刻跳起来！反应不一定要靠言语，只要家长一个眼神、一个态度，像悲伤、失望、冷落等，青少年就能感受得到。

有的家长嘴上说不在意孩子的成绩，但拿到成绩单时，脸色立刻拉了下来。如果孩子的表现低于预期，家长身体的反应立刻能看得出来真实的情绪。在这样的状况之下，又要怎么教育孩子？

那么，不管是哪一国的教育理论，如果父母的心态不健全，也很难实施。说白了，父母如果没有太多的贪嗔痴，自然也能够静下来。孩子的问题，往往投射出家长内心的贪嗔痴。

不管今天这个孩子做了什么、发生什么事，甚至是表现不如预期，身为家长能不能平心静气地去接受、看待？你能不能接受他不管发生什么事，或出了什么状况，他都还是你生出来的骨肉，你还是爱着他的？考试考了零分，他还能站在你的身边吗？在外面跟人家打架了，你还能让他坐在你的面前，平心静气跟他讲话吗？

有句话说，孩子是生出来磨炼自己的，也不无道理。我们会发现所有的教育理论核心都回归到一点，就是给父母的"修行"。

父母和孩子有争执，许多都是因为子女不符合父母的期待，而衍生出种种的是非。像功课差劲，或表现不如他人等。父母如果能够反省自己，将"我执"与"子女"这块分开，或许更能领略教育的真谛。

我们不是神，但起码在面对孩子的教育这一块，可以跳脱父母的"执着"，而以孩子为出发点。

将"孝"与"顺"分开

家长：该怎么让孩子好好"孝顺"父母？

阿珠姨家最近成了街头巷尾讨论的热点话题，起因是小尧和他爸爸不知道在吵什么，小尧在前面跑，爸爸气得拿着棍子在后面追，两人在巷子里咒骂，活像是上演连续剧。

邻居们议论纷纷，阿珠姨频频拭泪，可怜的阿珠姨夹在父子俩之间，非常难熬。

而阿珠姨的丈夫在附近喝酒时，忍不住对人抱怨："早知道会生出这么不孝的儿子，刚出生我就应该把他打死！"

也有几个热心的邻里，想要化解他们的恩怨，但清官难断家务事，很多事情还得靠他们自己解决。

"不孝子！不孝子！"只要提到小尧，阿珠姨的丈夫就异常气愤。

昔日的父子，如今反目成仇，恐怕是阿珠姨怎么想也想不到的。在她的眼里，小尧算是乖巧的孩子，怎么一到丈夫的眼里，就成了逆子？

"孝"是中华民族优良的传统美德，我们也以此为豪。"孝"可以说是判断一个人善不善良的标准，然而，在"孝"的世界里，还是有很多争议，姑且以孔子的学生曾参的故事来说明。

有一次，曾参不小心把瓜苗的根锄断了，他的父亲非常生气，拿起棍子就打了下去。曾参不躲不闪，一直任凭他父亲毒打，直到将他打得晕了过去！

等后来曾参醒来，还高高兴兴地跟父亲说："刚刚父亲打了我，您没累着吧？"

但是，当孔子知道后，他非常生气。曾参觉得奇怪，就跑去请教孔子，觉得他这么孝顺，为什么老师还这么生气呢？

孔子跟他讲了一个故事，以前有个叫作瞽瞍的人，他是五帝之一"舜"的父亲。每次瞽瞍吩咐舜，舜都会去办。但瞽瞍的脾气不太好，平时会打舜，如果只是轻微地施打，舜忍忍就算了；而一旦瞽瞍拿着大棍子来打，舜就会马上逃走！

孔子讲完这个故事，对曾参说，你认为舜不孝吗？他是为了让父亲没有因为他被打死而被人指责；而你承受责打，不就是让父亲陷于不义吗？如果你被打死，你父亲不就要承受丧子之痛吗？这番话说得曾参冷汗涔涔。

虽然孔子倡导的"孝"的真谛，和后来我们所知的"孝"有些不同，那这中间的转折，就不得不提到汉高祖刘邦。

刘邦在历史上的评价多是孝子，但我们别忘了，他本身是流氓出身，跟他在一起的也是些地痞。当他得天下称帝之后，还是不能抹灭他曾经是流氓的事实。

因此，手下臣子们并不那么敬重他，刘邦为此很苦恼。于是董仲舒便献了计策，要刘邦去祭拜已逝的母亲，世人看见天子之尊，愿意如此尽孝道，自然也会尊敬他。刘邦此举推动了儒家文化，阶层地位一旦建立起来，国家自然平和兴盛。

我们通过孔子教训曾参，以及刘邦的故事来说明"孝"，"孝"是从心底自然而然对父母的敬爱，而非让自己心情舒坦。

说说我自己的例子，"孝者不顺"是颇有几分道理的。有一次，父亲打电话跟我说他感到胸闷，做医生的第一个直觉，就是心肌梗死，并让他去医院。可是，我父亲说什么都不愿意去医院，深谙他个性的我，只对他说了一句话，如果他不去医院的话，明年的这个时候，就是我祭拜他的日子。

做子女的竟然诅咒父母死，简直是大逆不道吧？而他那天去医院后，一做检查，发现他的三根血管都已经堵塞住了。

有句话说得很妙，在当下没有执行某些事，都要等死后才"风光大葬"。试问，这"风光大葬"是满足了谁？

在《论语·为政》里，孟懿子曾经向孔子问孝，孔子回答："无违。"后来，樊迟问孔子这句话是什么意思？孔子回答："生，事之以礼；死，葬之以礼，祭之以礼。"意思就是父母活着的时候，用礼制去侍奉他；去世之后，再依照礼制的要求埋葬、祭祀。"无违"指的是不要违背礼制，而不是不要违抗父母的命令。

在《论语·里仁》里也记载："事父母几谏。"意思就是侍奉父母的时候，如果父母有不对的地方，要委婉地劝说，可见孔子并非一味地"顺从"父母。

在思索父母与子女之间的关系时，"孝"与"顺"或许可以分开考量，就如同犹太人的家庭在容许子女挑战父母的权威时，也要站在真理上。

整顿自己的人生

大人承受不住、消化不了的压力，如果转到孩子身上，孩子究竟能不能负荷？这一点不禁令人思索起来。当一个成人没有力量去面对人生时，也很难要求孩子让你的生命圆满，就像芳容不知道要怎么面对儿子。

自从芳容跟丈夫离婚之后，她跟世德之间的情感好像也变了质。不知道是不是错觉，总觉得世德跟她有了距离。

像从这学期起，世德提出要住校，她强烈地反对，措词相当强烈，几乎到达争执的地步。虽然最后世德退让了，但不代表事情就结束了。

丈夫的离去已经令她难以忍受了，就在这时候，她发现自己得了乳腺癌，这简直是晴天霹雳，芳容觉得连上天都遗弃她，便开始酗酒，同时也将世德看得很紧。

只要放学时间一到，她就发短信提醒他要早点回家，不要在路上逗留；如果没有在正常的时间到家，只要超过十分钟，她就打电话紧迫催促。她更对世德身边的人进行调查，每个来过他们家，或是打电话来的人，芳容都会追问对方的祖宗十八代，非得把对方的身家查清楚不可，无论男女都一样。

她觉得她只剩下这个儿子了，像掉到水里的人牢牢地抓着浮木，以为这样日子就会好过一点。

但是，她并没有发现世德变得越来越郁郁寡欢，连学校老师都关心地打电话来，好像以前那个开朗、还会逗她笑的孩子不见了，她还可以找回来吗？

人生的挫折与失败，不代表要全盘复制，父母如果没有把自身的功课做好，只是把负担转嫁到孩子身上，说真的，对孩子也是不公平的。在这样的环境当中成长的孩子，会投射出父母的压力。

如果父母本身的心态就不够健康，又怎么要求孩子脱离他的魔咒，变成另外一种人呢？

芳容遇到的是夫妻离异，但也有的是另外一半骤逝，或是得了癌症。生命当中突然遭到极大的变故，有些人会利用不恰当的方式，像是酗酒来安慰、麻痹自己。

不过，消沉的方法只会让破洞越补越大，反而让孩子跟着一起掉进来。在这样的环境下成长的孩子，对于人生也会感到失望，因为他没有很好的榜样让他去学习。

像男女感情的事，向来就很难说谁对谁错，重点是在离异后，如何以正面的态度去面对人生的变故。或是遇到重大的挫折时，是面对，还是逃避？这是青少年，也是成人真正需要学习的。

当然也不乏历经变故，就迅速成熟起来的孩子，但是前提是家长不能让孩子也跟着一起掉入深渊。就像一个患有抑郁症的家长，希望他的孩子能够开朗、乐观，起码要先把自己的抑郁症治好。

我们一再提到，孩子是父母的镜子，父母所表现出来的态度，会影响到孩子对他所遇到的事情的看法。

人的一生，不乏挫折与痛苦，要不要跟孩子一起承担，那得看你是将痛苦的压力投射到孩子的身上，还是你先振作起来修补好自身的破洞，再带着孩子一起前进。

家中的心理风暴

家长：家里经济出了问题，要让孩子知道吗？

家长：我跟另一半要离婚了，要跟孩子说吗？

家长：孩子为什么都不能了解父母的苦心？

　　　我不管做什么，都是为他（她）好呀！

家长：孩子为什么会自残？是我的问题吗？

　　　我该怎么帮助他？

家长：孩子在学校被霸凌了，我该怎么办？

家庭经济的压力锅

家长：家里经济出了问题，要让孩子知道吗？

家里经济如果出了重大的状况，要不要让孩子知道？在家长的观念里，孩子还小，就算是十几岁的青少年也还没有谋生能力，告诉他们无济于事，反而会影响他们求学的心情。

光耀前几天放学后回到家中，意外发现应该在公司的老爸，竟然坐在客厅。他喊了声："爸！"光耀的父亲像没有听到，整个人十分恍惚，像失了神，心不在焉。妈妈脸色难看地对他说："光耀，你过来，不要吵你爸。"吵？他什么话都还没说啊！

光耀觉得很奇怪，不只老爸，连老妈也不太对劲，那爷爷和奶奶就更不用说了。方才他进来就看到两个老人家在院子里说话，见到他回到家，就住嘴了。爷爷也没有在照顾他喜爱的蝴蝶兰，跟奶奶两个人嘀嘀咕咕不知道在讲什么。

晚上，他在房间隐约听到他们在讨论："要告诉光耀吗？""不要吧！他还那么小。""可是……"到底发生了什么事，为什么家里人鬼鬼祟祟的？他的好奇心快要把他涨破了，而家里的气氛也让他感到难受，明天就要考试了，他书也看不下去。

而在那个晚上，他看到母亲翻出自己的存折，并听到父亲经营的公司营运失利，他瞬间明白家里发生了什么事！

家长不希望孩子知道家里的经济困境，就是不希望经济上的困难让孩子学习时分心。反过来说，你把一个孩子一天二十四小时绑在书桌前面，他就真的会完全把心思都放在读书上面吗？

曾荣获金马奖最佳女主角、柏林影展最佳女主角的萧芳芳，许多人提起她时，总是竖起大拇指。萧芳芳是香港的女演员，她在小时候就必须分担父亲留下来的债务，成为一名童星，而正是这股压力，反而让她更珍惜读书的机会。

因为失去，所以可贵，当明白自由与时间不再是理所当然，更多孩子会因此而珍惜他现有的一切。萧芳芳为了读书，做了许多的努力，历经三次争执，终于跟母亲争取到美国读书的机会。

萧芳芳不仅演技备受赞赏，她对于人生的态度，以及坚毅的性格，让她成为许多人的人生导师。

我自己也有过亲身经历，有一次我父亲撞车，我知道之后，就想到我要扛起这个家，在那个晚上，我立刻成熟了许多。虽然痛苦的滋味不太好受，但正是因为痛苦和挫折，才能够让孩子迅速成长。

如果父母不让孩子面对现实磨炼，孩子反而失去了成长的动力。

经济的压力到底会不会压垮一个人，让人一蹶不振，没有了读书的心思？萧芳芳做了很好的比喻。

她说，如果滚热的开水是人生中的痛苦磨炼，而红萝卜、鸡蛋、咖啡粉代表了三种不同的人。红萝卜表面看起来很硬朗、很坚强，但被热水煮过后，反而一蹶不振；外刚内柔的鸡蛋，被热水煮过之后，内心就变硬了，变得愤世嫉俗，不再相信世上的一切；而外表看起来毫不起眼的咖啡粉，在热水的冲泡之后，反而芳香四溢、气味迷人，再苦的环境，他也不以为意，为人生提升了另外一个境界。

你希望你的孩子是哪种人呢？

婚姻不该是亲情勒索

家长：我跟另一半要离婚了，要跟孩子说吗？

夫妻离婚有不同的原因，个性不合、相处不来，或是其中一方出轨，导致婚姻破裂；而夫妻感情冷淡，在外寻找情人也时有所见，各种因素不一。这是夫妻相处要修的课题，如果没办法一起共修，就会走上离婚。

而在离婚这件事中，最值得思索的就是"孩子"，因为孩子而让离婚变得谨慎起来。

小元的父亲和母亲坐在客厅里，两人沉默了一会儿，终于，小元的母亲开口："我们离婚吧！"

"那……就照上次讲的，我不会亏待你们母子的。"小元的父亲像是松了口气，他和小元的母亲长期以来的问题，终于快结束了。

"嗯。"小元的母亲又开口了，"那小元那边你要怎么说？"

小元的父亲也很头痛，离婚原本只是他们夫妻二人的事，但是中间还有一个小元。这可不像财产那样可以简单分割，小元是个人，他也有想法，也有思考，虽然他们已经决定要离婚了，但还是得顾及小元的心情。

"我也不知道，等我想想再告诉他好吗？"小元的母亲点了点头，在面对小元这一点，两人的意见倒是一致。

长久以来，他们夫妻就已经出现了裂痕，两人早就没有心思维持这段婚姻，只是苦苦撑着。虽然说是为了孩子，但是两人都在等奇迹发生，等对方有所改变。最后，在拖了三四年后，两人都停止等待，一起正视离婚这个问题。

难得放学时间一到，就准时回来的小元，在门口时听到父母的决定，他站了一会儿，然后转身离去。

很多夫妻跟另外一半相处，觉得已经很痛苦了，可是为了孩子、为了家庭，都隐忍下来。这些自以为是的牺牲，旁人看不出来吗？

英国黛安娜王妃跟查尔斯王储的婚礼，全世界有 7.5 亿的人口在收看；1992 年 2 月，查尔斯和黛安娜正好在情人节这一天出访印度，按照惯例，王子和王妃会献上亲吻，但黛妃在大庭广众下却拒绝了。

虽然两人是公众人物，但从细微的举动，仍可看出两人的感情。那么，跟父母同住的孩子，天天看着冷战或吵架的父母，心中又作何感想？

离婚不是说离就离，就算是一时冲动而离婚，在这之前，早有迹可循，一定是对对方早有不满，或积怨已久，才会那么快下决定。而同个屋檐下的孩子，会不知道父母的状况吗？

夫妻间正视存在的问题，能够解决就继续当夫妻；解决不了的，就分开。以"孩子"为借口，并不会使情况好转，在这种氛围下成长的孩子，心灵也会受到创伤。至于害怕"离婚"一事会对孩子造成影响，不如思考如何让孩子面对夫妻离异这件事，并给予心理建设。

夫妻离异，虽然不再是夫妻，但还是可以做朋友，用自身的行动来告诉孩子，我并没有恨你的爸爸或妈妈；或是跟孩子说，我跟你的爸爸或妈妈相处不来，那是因为两个人之间的问题，不是你的错。

离婚，每个人都难受，但不用有心理负担。有些死守着婚姻，感情破裂的家庭，父母会对孩子说，我都是为了你，才落到这个地步，是自己放不下，还是为了孩子？

而最让孩子为难的，就是受离婚的父母要挟，你要跟着爸爸还是跟着妈妈？孩子成了夫妻斗争的武器、人质。表面上说是为了孩子好，事实上是为了大人自己。

孩子会不会因为夫妻离婚受苦？其实，更重要的是，父母怎么面对离婚这件事，才是孩子会不会受苦的主要原因。把对方当作敌人，不论你是明着争吵，或是暗地里咒骂，对孩子来说，你都在伤害他最爱的人，那才是孩子痛苦的来源。

"离婚"这件事对孩子的影响，远不及离婚的一方如何对待对方所带来的伤害。

　　夫妻离异，固然是为了让自己有个重新开始的机会，但往往也扼杀了孩子在人际关系或感情方面的希望。这一点，才是父母准备离婚时，最需要值得考虑的。

　　夫妻离异，不代表就不能关心孩子，就算监护权是属于妈妈的，爸爸也可以探视。重点就是让孩子感受到，他还是能接受到双方的爱。

我这么做都是为你好

家长：孩子为什么都不能了解父母的苦心？

我不管做什么，都是为他（她）好呀！

特蕾莎修女曾经说过一句话，她说爱一个人是要爱到痛心。真正的爱，是会让你心痛的。

既然是"爱"，为什么会心痛？

手足之爱、男女之爱、同胞之爱……人与人之间的感情，一旦建立起来，就很难割舍。特别是亲生骨肉，父母和子女之间的不只是情感，还有生命的羁绊，喜怒都牵扯在一起。

芳容听到世德在房间跟人打电话，好奇地走到门口偷听。等世德打完电话后，她才走了进去，把世德吓了一跳！

"你在跟谁打电话？"

世德没有回答。

"是你的同学吗？男的还是女的？我见过吗？你们到底在说什么？"她突然想到前两天，老师跟她提到世德跟一名争议性很大的同学走得很近，她很快联系起来："你是跟那个叫什么正国的在打电话吗？那个因为把人打到住院，被记大过的同学？"

世德的脸色不太好看，他说："你不要管。"

"我怎么能不管？你是我的儿子呀！你要小心，不要交到坏朋友，妈很担心你。世德，听妈的话，那个叫正国的，不是什么好东西，妈跟你说的，你一定要记住，你要知道，妈都是为你好……"

"不要再说了！不要再说了！"世德不禁抗议起来。

父母的爱是很庞大的，也是无法计量的，就像绘本《猜猜我有多爱你》小兔子跟大兔子的故事，小兔子在跟大兔子比到底谁有多爱谁。

在爱之中有"施"和"受"，施比受更有福，每个人都愿意用自己的爱，去爱在我们生命中出现的那个人。在这个过程中，往往不尽如人意，而产生隔阂。因为我爱你，所以我要你比我好。

在每个家庭中，都可以看到父母是爱着子女的，而"爱"也有不同的形式，而这个形式，往往让人感到困惑。就像世德，明明知道母亲爱着他，既然是"爱"，为什么会让人感到窒息？

"爱"，到底是什么？

父母对子女的爱是很庞大的，而面对生死抉择，这样的"爱"更加让人感到痛苦与煎熬。

比利时是个允许安乐死的国家，曾经有一名十七岁患有绝症的青少年申请安乐死，但想要安乐死，除了医生评估他的状况之外，还需要获得监护人的同意。

试想，如果这名少年的父母亲同意他的意见，他们的心头有多难熬？而拒绝的话，这个孩子将饱受折磨。而这对父母亲，是如此深爱他们的孩子；他们的孩子，也同样爱着他们。

另外一个例子，是国外的一个作者，也还年轻，但一次跳水，摔断了脊椎，从此躺在床上一动也不能动。有一天，他跟他的女朋友提出要安乐死，所有的人都反对，包括他的女朋友。

后来，少年的父母尊重了少年的决定；而另外一个躺卧在床的年轻作者，他的女朋友帮他实现了这个愿望。

他们彼此都是爱着对方的，却还是得做出抉择。

那么，爱到底有没有消失，还是只是用另外一个方式呈现？就留待读者自己去思考了。

孩子在身上留下的伤痕

家长：孩子为什么会自残？是我的问题吗？

我该怎么帮助他？

孩子做出极端的事，像是伤害他人或是自己，往往在凌迟父母的心。家长觉得自己那么疼爱孩子，一点一点地将他们拉扯大，孩子却在伤害父母最珍惜的一切。

"身体发肤，受之父母，不敢毁伤，孝之始也。"孩子一定是感到痛苦才会做出这么极端的事，说这话其实颇有在伤口上撒盐的意思。父母真的要做的，是要知道孩子到底受了什么痛苦，才会做出这种事。

芊芊向来话不多，不仅在学校如此，在家里也是。宜菁有时候会担心她，因为不知道她在想什么，不过宜菁也很庆幸芊芊如此乖巧，让她不用像其他的家长那样对孩子伤脑筋。

芊芊不是表现特别优秀的女孩，学习成绩很普通，平常很正常地上下学，看不出有什么异样，所以在宜菁知道她在学校割腕时，整个人都吓坏了！

她赶到学校时，在校护理人员已经帮芊芊包扎好了，那一圈
又一圈的纱布包在她的左手上，是如此醒目。

老师跟宜菁谈了一会儿，让她先把芊芊带回家。在路上，宜
菁看着芊芊觉得好陌生，芊芊怎么会做出如此偏激的事，竟然伤
害自己？责骂的话她说不出口；想要询问，又怕刺激到芊芊，宜
菁相当难受。她不知道要怎么面对芊芊，她甚至不知道，她的女
儿到底为什么要自残？

我们先来了解割腕或是撞墙这一回事，看起来是伤害的事，
却有"止痛"的效果。割腕可以让脑部分泌吗啡，让人觉得没那
么痛苦。第一下或许感到疼痛，但后来就觉得没那么痛苦了。割
腕的人不会只割一次，他会一割再割，所以割腕的人，他手臂上
的伤痕是好几条。自残的人，是利用这些身体上的疼痛，来压抑
内心的痛楚。

不只割腕，人甚至会通过撞墙来舒解压力。这种伤害身体的
事，为什么会舒解压力？这些行为其实是一种"求救"的行为，
一个人一定感到疼痛，所以他才用另外一种更大的疼痛来压过现
在的痛楚。

就像海洋公园的海豚为什么要撞墙，甚至憋气自杀？就是它
们被关在那么狭小的地方，会感到很痛苦。人类也是一样，利用
痛苦来解救。只是，是以割腕或撞墙这种肉体上的痛苦去解除另
外一种痛苦。

孩子的痛苦来源，一种是来自校内的学习压力，或是交友关

系；另外一种就是家庭因素。

通常孩子感到痛苦，他需要有个宣泄的方式和管道，如果在外面遇到痛苦，但是家庭的气氛轻松，孩子会有个地方可以释放压力，心头的痛楚会消减些。然而，如果家里的气氛不对劲，很紧绷，孩子长期处于这样的环境下，只好另外找方式宣泄压力。

可以说，大多数的孩子出问题，都跟家庭有关，所以我一再强调，家庭教育对青少年的重要性。

有些父母可能不注意，或是觉得他们没有在孩子的面前吵架，但是脸色是会出卖一个人的。

在青少年所碰到的问题当中，最难解决的其实是家庭这一块。如果家庭问题能够获得解决，孩子回到家不再窒息，有个空间可以让他释放在外面受到的压力，就能够调整好心情，重新面对他在外面所遇到的问题，自残这种事情也会大为减少。

万恶从家庭起，不妨先想想家里出了什么事，孩子在承受怎样的痛苦。把问题解决了，再去跟孩子谈谈才能真正解决孩子面对的问题。

叛逆的孩子较不怕霸凌吗？

<mark>家长：孩子在学校被霸凌了，我该怎么办？</mark>

校园霸凌这档事，层出不穷，不过，"霸凌"这件事不只在校园发生，职场上有霸凌，家庭也有霸凌，只是家庭里有个另外的名词，叫作"家庭暴力"。这些事情，从古到今都有出现。

不只是人，在动物界里，先到的小狗也会欺负后到的小狗。所谓"友爱"，一部分是天性、一部分是教化，霸凌仍时有所见，小则轻伤，大则死亡。

"霸凌"不单是指肢体上的暴力，语言暴力也算。外表的伤口看得到，心灵上的伤口，如果跟他有交集的人不够敏感，或是当事人不肯开口，往往很容易被忽略。

子维在浴室里，将手肘上的绷带解开，看到原本快要愈合的伤口，今天又裂开了。今天他碰到小元那帮人，又被揍了。小元上星期就揍过他，知道他的伤口在哪里，这次故意朝他的旧伤口猛烈攻击。

一个人擦药，确实有点困难，他只好看着镜子，慢慢地擦药，再把纱布盖上去，贴上胶带。原本只要两分钟不到的事情，他花了十几分钟才完成。

收拾好药品，他把垃圾包好丢掉，免得被家里人发现，要是被爸爸发现，一定又会说他太懦弱，根本不像一个男子汉！

他没有想当什么男子汉，只想平平静静地过日子，他只希望小元不要再来找他麻烦就好了。但小元谁也不找，偏偏针对他。他不知道小元为什么那么爱找他麻烦？子维感到无力。多么希望有人可以把小元带走，这样他就不用每天那么痛苦地去学校了。

子维想要趁家人不注意，把买来的药品藏到房间，就在他打开厕所门时，父亲就站在门口。

他的脸色都白了！

想要解决霸凌这个问题，就得从源头做起。我们发现，会被霸凌的孩子都是比较没有自信的孩子。

一个没有自信的孩子，在学校就很容易让施暴者成为一个施加暴力的对象。而孩子缺乏自信，恐怕得观察他与父母的关系。

有个原因就是"权威教育"，父母频频以权力逼迫孩子不能反抗，久而久之，他在遇到其他相同的状况时，也会不敢反抗。

在这里，我想提供一个观点，常有家长表示，孩子的叛逆让他们很头疼，但是，一个叛逆的孩子，在外面面对他所遇到的暴力时，他是会懂得反抗的。

在学校，被霸凌的孩子不是一下子就被一群人欺负，通常都是有一个人先动手，而这个孩子不懂得抵抗，其他人看了，也就轮流上来欺凌了，这是人类的兽性。如果懂得反抗，或是某个程度地保护自己，其实霸凌的人也会感到恐惧。

不管是人还是动物，一个敢于反抗的人，才能让别人知道界线，不敢逾越，霸凌这种状况虽然不能消失，但是，起码可以保护自己。

所以父母陪伴孩子成长的过程中，当孩子会反抗、顶嘴或搞"叛逆"的时候，反过来想想，孩子到外面也相对不怕被欺负。一个充满自信的孩子，等于他正踏上快乐成长的道路。"自我"是独立自主的根本，"自信"和"自我"同时也是捍卫自身的力量。

"霸凌"这种现象无法消失，既然无法消失，就只能减少它发生的概率。霸凌是双向的，一方被霸凌，另外一方则是攻击。而孩子会欺负人，多是学习、耳濡目染而来的，也许是周遭的朋友，但我们更强调的是家庭教育，毕竟孩子在成长的过程中，第一个模仿学习的对象，就是父母了。

□

家务不只是家务

家长：如何让孩子学会主动做家务？

家长：孩子还小，需要帮忙做家务吗？他长大就会了吧？

家长：孩子专心读书就好了，为什么要做家务？

　　　做家务有什么好处吗？

家长：孩子都不够自动自发，我要怎么做才能让他改善？

家长：常常叫孩子做家务，他却一脸不耐烦，

　　　我该怎么跟他沟通？

做家务的成就感

家长：如何让孩子学会主动做家务？

"家庭"是由家里几个成员一起组成、共同生活，为了维持生活，衍生了家常事务，像洗衣、扫地、煮饭，等等，而这些在国内几乎都是家长在做，甚至是母亲一个人独自挑起这项责任。

在社会既定印象中"男主外，女主内"，女性就是得处理家务。就像永昌的妈妈吧！平常都在家里，是所谓的家庭主妇，所以家务似乎理所当然就落到她的头上。

每次妈妈要求永昌"去帮忙收衣服""垃圾车来了，快去倒垃圾""收拾一下桌子"，永昌不是借口要上厕所，就是去写作业，往往十件事做不到三件，而做的那三件，做了跟没做一样。妈妈气得要死！

我们先来看看，妈妈叫永昌做事时是什么样子吧！

有时候永昌去收衣服会扯，妈妈就会叫起来："不要再扯了，衣服都被你扯坏了！"要不然就是扫地时，妈妈只要看到地上还有一点头发或灰尘，就会怒斥："你到底长不长眼睛，那边没扫到，你没看到吗？"但凡永昌在做事情时，妈妈都可以挑出毛病，甚至在他准备要动手时，妈妈就会提醒他上次没做好的部分。

如果一个员工在公司，一直被老板指责办事不力，认为他一无是处，这个员工会怎么想呢？或许他会为了薪水暂时忍忍，但长久下来，也会萌生离开的念头。毕竟，人生不只是追求金钱，还有其他追求的东西，比如成就感。

在孩子年龄还小时，他正处于"模仿"的阶段，看到大人做什么，他也跟着做什么。大人在前面扫地，他也拿着拖把在后面跟，就算他做不好，大人也一笑置之，有时候还会鼓励他好棒。

等到孩子的年纪大了一点，可以拿起拖把、抹布做更多的事时，大人的要求变了，"这个怎么没做好？""那边又没弄好！"孩子得不到"成就感"，信心也就逐渐丧失。

对大人来说，为了维持环境整洁，家务已经变成一种"责任"，就算你不喜欢，或是讨厌，为了想要一个良好的生活环境，都会去做。但对于一个孩子，喜不喜欢做一件事很重要。做家务会令身体疲累，而能够用另外一种方式来慰藉身体的疲累，就是"成就感"了。

现在有所谓的"家政人员"，在一个家庭当中，如果因忙碌而没有时间做家务的话，家政人员可以代劳，只需要给予适当的报酬。而家庭成员做家务，都是不支付薪水的，但也有另外一种形式的薪水，就是"成就感"。

在日剧《月薪娇妻》里，就对"家务"做了个很有趣的讨论，女主角是以家政人员的身份，进入男主角家帮他煮饭、扫地、叠衣服等，不是妻子却做着所有家庭主妇在做的事，然后领取薪水。

后来，女主角和男主角日久生情，两人准备结婚。结了婚之后，男主角认为都是夫妻了，就不用再支付薪水，对于本来就爱做家务，以家务来领薪水的女主角来说却很困扰，因为她是靠做家务来获得工作的满足感。

女主角担忧以后她所做的事，对丈夫来说，会没有价值，一直到后来，她愿意接受以"爱"作为报酬。

而家里的成员，不管是家长还是孩子，在做家务时，都不是靠拿钱在做家务的，而是对于家庭的支持。家长如果能以"成就感"来回馈，即使是声赞美，孩子在下一次拿起拖把时，也会更心甘情愿。

别把家务看得太"沉重"

家长：孩子还小，需要帮忙做家务吗？

他长大就会了吧？

维持家庭整洁所有成员都得付出心力，并视时间与能力来分配。像爸爸平常因为工作，就选择在假日做些粗重的家务；而家里如果有老人家的话，也可以从事一些简单的家务，而非所有的事情都由一个人承担。

当然也有一些例外，像有人卧病在床，或是完全不肯动手，姑且不做这些讨论。一个人从小到大，多多少少都会做些家务，但是也有家长是完完全全不让孩子动手的。

光耀小时候，爷爷奶奶都不让他动手，光耀是他们的宝贝金孙，任何一点劳累，爷爷奶奶都不肯让他受的。

因为夫妻两人都在工作的关系，所以佩珊每半个月才会回去看孩子，等到光耀上幼儿园，有一次佩珊看到长得健壮的光耀，书包和换洗的床单都由瘦小的奶奶扛着，光耀两手空空如也。

"妈，你在干什么？怎么不让光耀拿？"佩珊连忙伸手将书包接走，而她的婆婆说："没事，没事。"看着孙子，还满脸笑容。

后来，公司迁厂到大陆，佩珊考虑再三，选择留在台湾，找个收入虽然不高，但是可以多陪陪孩子的工作。她发现，在教育孩子上她遇到了很大的困扰。

只要她要光耀做什么事，婆婆就会跳出来，嚷着说他还小、不会做，佩珊只得自己去做。如果她坚持要光耀去做的话，公公婆婆就干脆去帮光耀做了。

佩珊试着跟公公和婆婆沟通，公公说一套，做一套，嘴上说好，私底下却帮光耀把事做了；婆婆更是直接说："哎哟！长大就会做了啦！"

有些家长对"家务"有误解，把它看得太重或是太轻。像在爷爷奶奶的眼里，光耀永远是孩子，即使到了小学、初中，都会认为他没有能力去做家务，这就是将家务看得太"沉重"。

有些家长太"轻视"家务，像一到考试，原本都叫孩子做的家务，就主动要求停住；要不然就是叫孩子去读书，什么事都不用做。

不论是太"重"还是太"轻"，都会让孩子失去接触做家务的机会。家务不在他的世界，跟他是无关的。

有些妈妈会抱怨丈夫在家里茶来伸手、饭来张口，这些习惯其实有迹可循，不妨了解看看丈夫小时候有没有做过家务。如果不想孩子未来也变成这个样子，那在孩子能胜任时，就可以试着将家务交给他去做。

　　而且做家务也不是一下子就把所有的事情都交给孩子去做，而是慢慢地训练、移交，并非一股脑儿全丢给他。

　　甚至还有些家长有个观念，就是做家务会耽误孩子的时间，特别是学习时间，告诉孩子只要读书就好，其他事情不用伤脑筋。

　　孩子要不要做家务，取决于家长的态度。将家务视为"负担"，或认为是不必要的，孩子自然不会去做。如果将家务看成是像每天吃饭喝水一样自然，成为孩子每天生活的一部分，那也就没必要为了孩子到底要不要做家务，而伤脑筋了。

从家务中锻炼韧性

家长：孩子专心读书就好了，为什么要做家务？

做家务有什么好处吗？

家务是项单调、重复性高的工作，而且做完之后没有明显的"收获"，所以很多人对于做家务提不起兴趣，能推就推。但做家务的意义自然不止于此，如果能够理解做家务对孩子的好处，家长们或许可以试着放手，让孩子接触家务。

我们再次以演员萧芳芳为例，她本身的故事比她所演的戏剧还要真实且精彩。萧芳芳两岁时跟着父母移居香港，不久，她的父亲生意失败，在她三岁时父亲便离开人世，家里顿失经济支柱。后来，经人介绍，萧芳芳去拍了电影来补贴家用，那时候她才六岁。

萧芳芳小小年纪就声名大噪，接二连三地演了很多戏，除了扛起照顾家里的责任，她非常珍惜读书求学的机会。

不可否认，萧芳芳一定面对了许多压力，但也因此，她成为"坚韧"一词的代表。

反思，我们是不是给孩子太少"挫折"的机会了？

所谓的"挫折"，并不是要真的遇到什么大事情才叫"挫折"，而是在日常生活中，可以通过一些家务来得到锻炼。

就像极地冒险家林义杰在他的著作中提到的，他年轻求学时，教练为了训练他们而要他们扫地。年轻时，他根本不知道扫地的用意，但后来林义杰表示教练之所以要他们从事一些家务性的事，除了训练自律之外，更重要的是，通过做这些事来训练他们的韧性。而这个论点，在萧芳芳的身上获得了很好的证明。

虽然萧芳芳是去演戏，但她是为了家里，做家务也是为了家里。现在的家长，不愿让孩子做家务，不肯让他们吃苦、不肯让他们受累，家长们不愿意看到孩子"痛苦"，不让他们的孩子做家务。其实，这也阻碍了孩子的成长，忽略了"挫折"对孩子成长的重要性。

做家务不光是协助家庭成员，让居住的环境变得更好，更重要的是，能够使孩子从中得到锻炼，获得成长。

在以前物质不丰富的年代，很多家长从小就得分担家务，像放牛养鸭、照顾弟妹等。而这些人成为家长之后，觉得以前那样过的日子太辛苦了，就不忍心再让他们的孩子受这种苦。

不过，这些家长忽略了，正是以前那些痛苦的经验，才让他们后来变得成熟，长大成人之后，能够成为社会上的精英，照顾家庭。

你可以不让你的孩子像你以前那样做那么多家务，但也不能剥夺他们成长的动力。

孩子不能因为他是"孩子"的身份，只要他做好孩子的事，像读书、玩耍，就可以不管家里的事，包括"责任"，承担家庭责任对他的个人发展是很有助益的。

家务虽然辛劳，但绝对不会比在社会上闯荡来得疲累。一个拥有责任、使命感的人，才能更珍惜自己所拥有的一切。

要求孩子自动自发之前

家长：孩子都不够自动自发，

我要怎么做才能让他改善？

　　家务要做到什么地步？做"完"跟做"好"可是两码事。前者只是把家务"完成"，后者是达到完美的地步。在做"完"跟做"好"之间，家长要调适一下心态。像一个母亲做了那么多年的家务，几乎可以达到一百分，想要求孩子也达到自己的标准，恐怕还需要训练。

　　不论做"完"还是做"好"，孩子都已经有所动作，就是个好现象，建议家长有技巧地循序渐进，不要破坏了孩子愿意干活的念头。

　　有些孩子不肯做家务，要不然就是要三催四请，才拖拖拉拉去做，这让很多家长伤脑筋。像柏成的母亲就常常抱怨孩子不够自动自发，都已经十多岁了，做事情还要人催促。

　　"袜子放进脏衣篮了吗？""便当装好菜了没？""刚起床怎么不先叠被子？"诸如此类的事情，每天在柏成家里不断上演。

"做了啦！做了啦！"柏成总是慢条斯理。其实以结果论来看，柏成还是会做，只是母亲不放心，总是会多问一句。甚至柏成还没拿袜子出来之前，她就去他房间拿袜子放进脏衣篮；或将柏成隔天要带的便当装好放着；在他准备上学前，先把他的棉被叠好。

在柏成母亲的眼里，柏成不够积极、太过懒散，常常要人催促，他才会去做。

其实柏成到底有没有自动自发？家长可以观察一下孩子，家务是完全没做，还是晚一点做？"自动自发"也跟个性有关，有的孩子个性比较急，事情就早点做，要不然就按照他的速度做。

常见的就是孩子还没"求救"，家长就先替他们做好一切，然后再来抱怨孩子不够积极，让他们很困扰。

像孩子如果肚子饿的话，而母亲又刚好还没回到家，为了不饿肚子，他可以自己去厨房先找点东西吃，或是到外面买个面包充饥，这也算是一种"自动自发"。就算是去外面买也好，起码他有"主动"解决问题的能力。

在一个勤劳的孩子背后，有个偷懒的妈妈，因为这个妈妈给了孩子很多做家务的机会，甚至给孩子自己做事情的节奏。

孩子不是不会做家务，从另外一个方面思考，这个家务有没有达到你的标准？还有，是他自己决定做家务的速度与时间，还是由你来决定的？至于做家务的完美程度，需要再有技巧来加以指引。

其实，家长可以观察一下孩子做家务的时机，就像他可能正在看爱看的节目，你突然叫他去做事，他舍不得立刻放下电视，迟了一点去做，就被训斥，这样他以后做家务的意愿会越来越低。你如果给他一点时间，比如，答应他广告时间到了，他就去做你交代的事，你再赞美他，跟他说声谢谢，下次他做家务的概率才会高。

孩子在学习照顾自己，也在学习如何照顾别人，而这些都需要培养。如果将这个机会夺走，他以后遇到问题没有办法解决，就会回头找父母。为什么我们会看重"做家务"这一部分，因为从做家务中也可以培养一个人的心态。

下次在叫孩子做家务之前，不妨观察一下，在要求他"自动自发"之前，看他到底有没有把你交代的家务放在心上？

放不下做家务的心

家长：常常叫孩子做家务，他却一脸不耐烦，

我该怎么跟他沟通？

家务是生活中不可或缺的一部分，跟许多事业比起来，它的确不起眼。只是当你回到家里，如果家务没有做完的话，心情也不会好。

对一个母亲而言，似乎总有做不完的家务、操不完的心，在家里得叮咛孩子把事情做完；在外面也会放心不下，都出门在外了，仍挂念家中的孩子。

阿娟就是这样的母亲，平常在家管理大小事情，还会叫孩子一起帮忙，软硬兼施。一家人出游，如果想到有什么事情还没做完就会挂念许久。

一次，阿娟因为急性肠胃炎住进医院，丈夫交代她要好好休息，不要再挂念家里。不过阿娟放心不下，问完老公，又问孩子煤气关好了没有。听到女儿还没把洗好的衣服拿起来晾，就一直催着她赶快回去。

家务的确是需要家人共同分担的责任，但对于放不下的家务，可能跟女性就要担负起照顾家庭这个观念有关。她们必须看到事情做好，才能放下心中的大石头。

就像佩珊是职业妇女，有时候得出差到日本，但跟孩子视频时，有一半的时间都在交代家务。

家务对于家庭生活来说，虽然不可缺少，但过于执着，反而妨碍家人的相处时光。佩珊也是这样的母亲，丈夫临时兴起要带全家人去逛夜市，但因为太过匆促，佩珊想去又牵挂着没做完的家务，即便她叫丈夫、孩子一起尽快完成，但是等他们到了夜市时，都快收摊了。

归根究底，就是她们都"放心不下"。不只是家务，她们对于许多大大小小的事情都放不下。

家庭当中，最重要的是家人的情感，因为家务未做，或是家务没做好，而和孩子起了口角，对情感并无助益。生活当中，还是要辨别什么对你来说，是最重要的，是和孩子的亲密时光，还是一堆该洗的衣服？

当然家务还是有其必要性，其实亲子之间可以共同做家务，而不是把孩子排除在外。家务不完全是母亲的责任，若遇到冲突时，可以看看是不是需要立即去做，不然可以有选择地放下。

如何面对孩子的
人际关系?

家长：孩子会交到坏朋友吗?

家长：我该不该介入孩子的人际关系?

家长：孩子为什么人际关系那么糟，

　　　是不是出了什么问题?

家长：孩子跟朋友出去很晚才回来，说他也不听，

　　　我要怎么劝导他?

家长：孩子交了男女朋友，

　　　会不会未成年就发生婚前性行为?

家长：万一孩子未成年就发生性行为? 我该怎么办?

孩子结交好友的起点

孩子从出生到牙牙学语，从懵懂到懂事，几乎都跟在父母的身边，不论在生活或是心态上，都是依赖父母亲的。对他们来说，父母几乎就是他们的全部世界，而父母也很习惯，并且满足于此。

等到有一天，父母发现孩子的世界不再只有自己，他有了自己的想法，有了自己的朋友，他想要离开父母去探索未知的世界。

这时候，父母因为无法掌握情况，孩子会有什么样的遭遇？遇到什么样的人？因为"未知"而感到担忧。

柏成在上初中之前，母亲就很担心他会不会交到坏朋友。她听说这所学校的学生素质普遍不高，怕柏成会被坏朋友影响。她试着打听了一下其他学区的口碑，并交代柏成不要交到坏朋友。

刚开始，柏成还会跟小学的朋友联系，渐渐地，以前的朋友联系少了，新交的朋友占据了他的生活圈。母亲又尝试问柏成新交的朋友的名字，还有他们住在哪里？人品怎么样？家里的环境又如何？柏成原本还会告知，但时间久了，他就抗议起来，甚至说："妈，你问这么多，好像警察哦！"

"妈妈是担心你学坏……"

"哎哟！"柏成不满地叫了起来！虽然没有顶嘴，但语气尽是母亲对他不信任的抗议。

人际关系是每个人在社会上生存所面对的关系，除了家庭，就是朋友了。"友直，友谅，友多闻""近朱者赤，近墨者黑"，所以在交朋友的选择上，不得不慎重。家长们会担忧识人不多的青少年会因此交到坏朋友，更担心交到坏朋友之后，会沾染到不好的习气，更甚者，做出什么无法预料的事情。

孩子会交到什么样的朋友，从父母的身上就可以看得出来。虽然年轻人的世界跟成人的世界是不一样的，认识的人也不一样，但人际交往还是有模式可以遵循的。

像孩子与异性交往，从他怎么跟异性相处，就可以了解他家里的状况。同样地，青少年怎么跟朋友相处，也是从父母那里耳濡目染的。

在传统家族里，家族阵容庞大，在这种家庭成长的孩子，可以看到父母如何跟亲戚们交往、周旋，进而学习如何跟人相处。现在社会结构的变化，小家庭加上少子化，人际关系简单，但孩子仍会观察父母如何跟他人相处、沟通。

集历史学家、作家、政治评论家于一身的李敖，就曾有段往事。某天一群流氓来找他的爷爷，每个人的手上都拿着武器，个个凶神恶煞，一看就知道不是好惹的，李敖很担心爷爷出什么事。

但是爷爷二话不说，跑进厨房，拿了一把刀出来，往自己的身上划了一刀！伤口冒出鲜血来，那些人都吓傻了，知道李敖的爷爷不是软柿子、不好惹，结果全都跑光了。在那个时候，李敖就明白了，以后遇到恶人要怎么对付。

不需要父母开口，也不需要长篇大论，"行为"就已经是示范。好的行为也好，坏的行为也好，父母与他人的互动会影响到孩子以后的交友行为，也就是说，孩子人际关系的源头，都是父母与他人的互动。

由你来解决孩子的人际关系问题吗？

家长：我该不该介入孩子的人际关系？

　　求学阶段的青少年，除了学习之外，还面临着人际关系的烦恼。这时期的青少年多数心性尚未成熟、还不稳定，在这种情况下，特别容易衍生青少年之间的人际关系矛盾，严重的甚至演变成了暴力冲突。

　　青少年在校内若人际关系出现问题，令父母相当担忧，但究竟要不要介入？父母陷入了两难。

　　青少年的问题往往牵扯着家长的情绪，而家长的人际关系，也影响着青少年处理人际关系的方式。

　　宜菁和芊芊同班同学的妈妈聊天中得知，芊芊在班上几乎都是独来独往，跟同学之间很少有互动，宜菁听了十分担忧。

　　宜菁不知如何是好，在看到女儿泰若无事的脸蛋，知道芊芊并不想把这个烦恼告诉她，她更加担忧了，担心芊芊会不会闷出病来？她眉头紧锁，不断地上网找资料，要不然就去寻找所谓的专家学者，问要怎么处理孩子糟糕的人际关系。

我常常强调，孩子在复制父母的行为，如果孩子跟朋友的关系变差，父母的人际关系也好不到哪里去。

我曾经碰过一个案例，有个孩子说话很冲，不是说些挑衅的字眼，就是和人起冲突，常常有人要去找这个孩子算账。当然，这个孩子的父母平常与人应对进退也没有礼貌到哪儿去。

后来，我了解到这孩子的父母，年轻时也是会在课堂上站起来跟老师抬杠的那种人。这更证明了父母的交友模式、人际关系的处理方式，孩子都在无形当中耳濡目染。

我们担忧外界使孩子走偏，却忽略了家长对孩子的影响。在教育孩子之前，家长必须反求诸己，理智地思考整个问题的核心。毕竟，归咎于别的因素太容易了，但真正的问题症结要先拔除，否则，下次可能还是会遇到同样的问题。现在孩子处在青少年期，下次就可能是出了社会了。

刚才提到的那个例子，因为父亲本身待人就不够圆融，所以如果有个个性较为温和的朋友，孩子就有个学习的对象。建议父母可以有个和自己个性不同、想法不同的朋友，让孩子有多元的学习路径。

至于父母到底要如何介入，才不会因为自己的介入，影响到孩子原来的人际关系，不妨来看看奥巴马的妻子——米歇尔小时候的故事。

米歇尔不但是美国前第一夫人，还是美国大型律师事务所的律师，就算没有奥巴马，她也成就非凡。米歇尔是黑人，小时候在班上常常会感受到一些异样的眼光,她跟母亲的感情很好,回到家都会告诉母亲当天发生了什么事,而她的母亲总是最好的倾听者。

有一次,米歇尔换了个新老师,原来的老师对他们很照顾,米歇尔过得很开心,但是这个新老师对任何事都不闻不问,班上变得一团乱,也不管。跟母亲感情很好的米歇尔,回到家又把这件事告诉了母亲,母亲依旧不说话,仍然当了个最好的倾听者。

但是,米歇尔的母亲做了件事,米歇尔也是等到就读大学时才知道。原来母亲私底下跑到学校去跟老师沟通,看能不能把米歇尔换到比较好的班级去。

对米歇尔的母亲来说,她并不强力干涉孩子一定要照着她的路走,或是孩子一定要怎么做才正确。米歇尔的母亲就是在刚好的时机,做关心孩子的事情。

在面对孩子的人际关系时,其出发点,仍是以孩子为主。我们也不乏耳闻孩子与人发生冲突,由家长出面解决,但是以"理智"解决,还是以"武力"解决,影响就大不同了。

让孩子在最自在的环境中成长

家长：孩子为什么人际关系那么糟，

是不是出了什么问题？

孩子为什么人际关系会恶劣？家长也可以试着去了解一下，可以向老师，或是孩子周遭的人询问，看看关系变糟的原因，究竟是主动还是被动？是意外还是误会？

就好比过动儿吧！其实过动儿承受了很大的误解。我们前面提过，过动儿的脑袋就像缺乏控制的刹车系统，一般人可以正常运用，而过动儿的话，他们这部分的功能不太好，在语言或行为上容易遭到曲解。

就像在球赛时，比赛都已经结束了，过动儿还拿着球在球场上跑来跑去，要不然就是在比赛过程中特别用力，因而难免有些肢体上的摩擦，就很容易被误以为是蓄意的。

有的过动儿是体现在言语方面，像柏成不但多话，还老是抢话。母亲在跟他讨论事情时，他都有正大光明的理由与母亲争辩，旁人看了只觉得这个母亲不够权威，只是让孩子踩着她的头往上爬。

其实，柏成的母亲很久以前就带着他去看医生了，并且学着如何与过动儿相处，帮他适应环境。

不过，学校的同学或是老师并不一定了解这个状况，就算明白柏成是个过动儿，也不一定能够正确理解过动儿，并且接受，只会觉得柏成是个问题孩子，对柏成的人际关系也有阻碍。如果是这部分的原因，就只有跟医生好好配合。

不是每个孩子都是过动儿，人际关系究竟是哪里出了问题，还是可以试着去厘清的。

人际关系太复杂了，它牵涉到一个人的个性，还有他成长的家庭背景，甚至对方当下的心情。这些青少年都要试着去理解。通过与人相处，从中学习到体贴、宽容、同理心等。至于不佳的人际关系，也可以从中学习到谅解、豁达，了解到原来这个世界上，还有和自己不同的人。

能够与人关系融洽，固然是好事；关系出了状况，也不全是坏事，就像男女朋友，交往了之后才知道不适合，也就不用勉强一定要接受对方。

就像在女生团体中，有些人就会无法适应。像芊芊所读的虽然是男女合校，但班级采取男女分班，目的是减少男女之间的接触，使学生不要谈恋爱，专心学习。

同为女孩子，芊芊却很难跟班上的女生来往，她没办法接受女生们为什么老是聚在一起，说另外一个同学的坏话；也没办法接受明明嘴上说讨厌一个人，却还是跟那个人笑脸盈盈。她没办法接受整个班级都是这种气氛，于是选择一个人独来独往。

在青少年的人际交往当中，男女的个性不同，男孩子不拘小节，女孩子较为敏感。如果有些女孩子的个性贴近男性，或是她排斥她所处的团体，那么这个团体也会来排斥她。

很多女孩子在女生团体待不下去，她们会宁愿去跟男孩子交朋友。如果可以早点离开钩心斗角的环境，未尝不是好事。当然就芊芊来说，如果她不太可能因此而转班或转校，那她可以试着去认识不同的人，相处不来的人就让他远离自己。

如果这样的女孩子，心理素质好的话，她会自己寻找出路。如果抑郁到需要看医生，那除了医生之外，家长也可以给她信心。

如果一个孩子不管是跟男生，还是女生，都相处得不好的话，那可能就要检讨自己了。

有些人觉得自己没问题，但其实问题就出在他身上，像四处散播负面思想；要不然见到人就是抱怨，觉得所有人都对不起他，久而久之，人们也会反感、远离他。

其实一个人从小到大，都在摸索如何与他人相处。你会遇到什么样的人？怎样跟他相处？会遇到什么样的状况？都是很难预料的。青少年在这样的环境当中，跌跌撞撞，找出一个他们最自在的环境。

关在牢笼，不如给他判断力

家长：孩子跟朋友出去很晚才回来，说他也不听，

我要怎么劝导他？

处于青春期的青少年，他们和自己相似年龄的人在一起，有共同的话题、共同的语言。不论是学习，还是喜欢的偶像，甚至只有他们那一代才知道的流行用语，不用过多解释，朋友就知道你在说什么，青少年们自然乐于和同龄人相处。

一早上学读书跟同学在一起；下课回到家之后，跟朋友微信聊天或打游戏；放假再跟朋友出去玩。父母会觉得青少年都不理他们，因为跟同龄人在一起更有趣啊！在家里还会被父母训斥，跟同龄人在一起，让他们感到放松。

智中就是这样，放学跟朋友去打球，叫他早点回来，嚷着家里无聊；周末跑得不见人影，叫他待在家里，说待在家里没事干。好不容易放假，人是在家里了，又跟朋友在线上玩游戏。

母亲美香觉得孩子的心都不在家里，说了几句："没事的话，不要乱跑。""在家里好好待着。"智中完全没听进去，照样跟朋

友出去。

有一次，智中到了晚上十点还没到家，美香很担心，好不容易到了十一点，智中回来了，美香焦急地问："我不是跟你说考完试就早点回家？你又跑出去干吗？你跟谁出去？这么晚了，到底去了哪里？都没有想我在家里会担心吗？你到底在外面做什么，为什么都不跟我说一声……"美香的话还没说完，智中已经一溜烟地跑回自己房间。

其实美香不是真的反对智中出去，而是智中到底在外面做什么她完全不知道，加上智中又不提供跟他一起出去的同学的电话跟姓名，也不知道去什么场所，美香无法掌握智中的行踪，所以才会不安。

外出的青少年，无法得知他在外头的行踪，家长多多少少会担忧。话说回来，如果他在家里，就知道他在做什么吗？虽然说在家里是在眼皮底下，但现在的环境跟从前不一样，他在房间盯着电脑或手机，上网干什么，家长也不尽然完全知道。

美国前第一夫人米歇尔曾说过，她的哥哥罗宾逊在年轻时，很喜欢一个女生，那个女生对罗宾逊也很有好感，有一次，那个女生就暗示罗宾逊，说她的父母今晚不在家。

罗宾逊是个聪明人，当然知道这个女生是什么意思。他很想去，但又担心父母不答应他单独去一个女生家。

罗宾逊有点苦恼，要不要编个理由欺骗母亲呢？可是这样的话，他又觉得过意不去。左思右想，他还是老实地跟他的母亲说，他很喜欢的那个女生邀请他晚上到她家。他母亲并不反对，罗宾逊又说，可是那个女生的父母都不在家。

米歇尔的母亲只是笑笑，对他说，没关系，你可以自己做决定，便把这个问题丢回给儿子，让他自己去决定。

其实米歇尔的母亲是相信她的儿子，不会做出越轨的事情，那么，到底要不要单独赴约，则由罗宾逊自行去决定。

最后，罗宾逊当天还是待在家里。

米歇尔的母亲充分表露出她信任她的孩子，她也相信以罗宾逊的个性，不会做出不应该做的事。米歇尔的母亲看似"不关心"，却用"心"和孩子交流，她知道她的孩子的个性，也相信她将孩子教得有足够的判断能力。在教育子女上，米歇尔的母亲是充满智慧的。

我们可以从这件事，看到她对孩子交友状况的分寸拿捏，用沉着去面对青少年的变动，以不变应万变。

为何将两性书刊与童书放一起？

家长：孩子交了男女朋友，

会不会未成年就发生婚前性行为？

在人际交往中，家长最担忧的一个问题，就是异性交往了。就生物学来说，青春期的少男少女都对异性感兴趣，他们不只在观察异性，同时也被异性观察。而男女之间的交往，会有亲密行为，到最后会有性行为。

如果是动物的话，我们会认为是在繁衍下一代，但如果发生在青少年身上的话，可就是不得了的大事。

性行为后面的问题就是生育，在青少年时怀孕，不论对青少年本身，或者是家长来说都是大事。即使没有生育，光是"性"这个行为，就让许多卫道士或宗教团体对于婚前性行为大肆挞伐。同样，男女之间亲密的行为，在婚前体验跟在婚后实行就被投来不同的眼光，婚前性行为被视为失贞，婚后就不算了。

其实"性行为"很多的意义，是人类的眼光以及文化的因素赋予的，时间到了，生物就会交配，这是很正常的。与其对性行为投以轻蔑的眼光，不如正视从而去认识它。

如果一个东方人到西方或北欧去，可能会觉得他们太过伤风败俗，因为对于"性"这回事，他们是抱持开放的态度的，所谓开放，是他们会让青少年，甚至是孩子认识到"性"这回事。许多著名的雕像，都跟"性"有关。"性"不完全等于"性爱"，像大卫雕像就毫不掩饰地展露了男性的生殖器，还有女神维纳斯，也是赤裸的，虽然断了臂，却被誉为"最完美的雕像"。

"性"是人性的一部分，没什么好可耻的，可耻的是人们怎么看待它，还有心态。

小真在交了男朋友后，就一直被耳提面命，不可以和男朋友有亲密的关系，不能有性行为，不能怀孕。小真的母亲一直强调，"生育"对女人来说是件大事，现在正在求学的她，一旦怀孕，她的未来势必要改写，而且小真跟她的男朋友都没有经济能力，如果生了孩子，抚养也是个问题。诸如此类的话语，小真听到耳朵都快长茧了。

小真的例子还好，她的另外一个同学珍珍交男朋友则偷偷摸摸，不敢让家里人知道，等到知道时，她已经怀孕四个月，肚子都隆起来了。珍珍的母亲甚至跑到学校，要找出那个让珍珍怀孕的"凶手"。

"珍珍很乖，她很保守的，一定是那个男的诱拐我女儿，要不然我女儿不会这样！"珍珍的母亲几乎崩溃地说道。

很多保守的女生，不代表她们就不会有性行为，常常道德线很严的人，平常看起来没事，一旦有事，就覆水难收了。反而是有些看起来很开放的女生，她知道"肢体接触""亲吻"的用意，同时也明白一旦跟男生发生性行为，正常状况下可能就会怀孕，因为知道其中所带来的影响，所以她们知道谈恋爱到什么程度，可以选择进行到哪个阶段。而越保守的人，反而一出事就越容易崩盘，因为对"性"的认识不够，以为说打开"亲吻"这道大门，就允许对方直接进到最后一垒了。

而且现代的社会，孩子的营养比父母以前的时代要充足，小学就来月经的不少，第二性征发育得很快。换句话说，她们的身体很早就准备可以当一位母亲了。

身体可以当母亲，但并不代表心理上适合当母亲，再加上现在法定的结婚年龄也比以前来得晚，青少年面对"性"走得跌跌撞撞的。

虽然说现在社会已经算很开放了，但在性教育的这条路上，还是显得落伍。再加上网络发达，资讯又很容易获取，父母或学校在性教育方面教得太隐晦，许多青少年会上网搜索，那么，谁来告诉他们哪些是正确的性知识？哪些是错误的性知识？就算你把网关掉，同学之间就不会交流了吗？

担忧青少年碰到"性"这个问题，首先，家长得先看一下自己的心态。你如果认为"性"是肮脏的，青少年自然也认为它是污秽的；你如果认为"性"是人性的一部分，青少年也不会太大惊小怪。

在北欧，两性书刊跟童书常常摆在一起，孩子很早就明白了"性"。虽然北欧教导青少年关于避孕套的使用方式，但他们婚前性行为怀孕的比例却很低。相反，我们有些家长认为教孩子认识避孕套，就是鼓励他们跟异性上床，完全混淆了避孕套的用途。

许多家长在恐惧"性"这回事，怕"性"给孩子带来伤害，因为他们对于"性"也是抱以排斥的心理。但别忘了，"性"是迟早会到来的。受制于传统观念的禁锢，不如从"正确地认识性"这一点入手，让孩子树立起积极、健康、负责任的性态度。其实就算在以前保守的封建社会里，也流传着比《金瓶梅》更让人脸红心跳的刊物呢！

性行为不等于怀孕生子

家长：万一孩子未成年就发生性行为？我该怎么办？

不管家中的青少年是男生还是女生，家长都对他们碰到"性"这一点感到焦虑。男生或许好一点，毕竟"怀孕""生子"这件事，是落在女生头上，这也就让家有青少年，特别是生了女儿的家长感到特别头疼。

家长怎么看待"性"，会影响到子女看待"性"的态度。就像珍珍的母亲，她本身就是未婚怀孕，所以她终身都在后悔。

珍珍的母亲年轻的时候，因为和男朋友有了性行为，很快就生下了珍珍，因为要带孩子的关系，所以她环游世界的梦想未能实现，想要当画家的梦想也未能实现，于是她就把气出到了男朋友身上。

珍珍的父亲本来计划和珍珍的母亲结婚的，但因为珍珍的母亲一而再、再而三地抱怨，认为都是他害她，破坏她的人生，珍珍的父亲当时也年轻气盛，一怒之下，就甩了珍珍的母亲。

珍珍的母亲受到了很大的打击，好不容易将珍珍抚养长大，养育她的过程也不停耳提面命，告诉她不可以交男朋友、不可以有婚前性行为，不可以怀孕。珍珍的母亲把自己痛苦的经验，全都套在珍珍的身上。她的用意是希望珍珍可以远离"性"，未料到，她的女儿还是走上了跟她同样的道路。

关于"性行为"，以及"怀孕"这两回事，我觉得不能画上等号。

从珍珍的母亲身上可以看到，如果她之前有了"婚前性行为"却没有怀孕的话，结果是不是不一样？从结果论来看，珍珍的母亲跟珍珍的父亲上了床之后，珍珍的父亲又离开她，这才是珍珍的母亲最痛苦的根源，同时，也视"性行为"为万恶之源，特别是婚前性行为这部分。

这种无论怎么看待"性"，都认为它是肮脏的、邪恶的，那么，子女也会用同样的眼光去看待"性"。

如果子女也因为婚前性行为的关系怀孕，家长就很容易因为性行为这件事而挞伐她。对一个发现自己怀孕，正不知所措的少女来说，父母攻击的行为，无疑是个打击。

青少年的"婚前性行为"伤害的不只是身体，更是心灵。父母要正面看待子女已经发生性行为这件事，而不是紧咬着他或她的过去不放。家长如果恐惧"性"，子女自然也不敢正大光明跟你讨论。

有一个例子，一个年轻的女孩，她大学毕业两三年了，她的母亲知道她在外面交了男朋友，而且也跟男朋友同居。

有一次，她家来了一个朋友，大家坐在一起聊天，这个朋友突然听到女孩的母亲问女孩："你的避孕药吃完了吗？"这个朋友愣了一下，而这个母亲看到这个朋友的表情，则笑着说："因为她和她的男朋友目前还不想要孩子，所以在避孕。"

这个朋友问那个母亲怎么能够那么坦率？那个母亲只是淡淡地说，她的女儿已经是成年人了，知道自己在做什么。那个朋友听了，不予置评，但至少可以肯定的是，那个女孩不会在毫无准备的状态下让自己怀孕。

父母对青少年最担心的两性关系，其实是因为"婚前性行为"而造成的"怀孕"。如果没有怀孕的话，"性"这回事，不用看待得太邪恶。

当然我不是说鼓励婚前性行为，而是希望家长可以持开放的心态，教给孩子正确的"性知识"。所谓"性知识"不只是性交，还包括认识自己的身体、两性平等关系、性别认同、性取向等议题。

男性、女性，是改变不了的事实，一味地遮盖、掩饰"性"，不如正确地看待"性"这个议题，希望通过开放的态度，让青少年可以有个学习的机会。